# O Verdadeiro Poder

**James A. Autry**
**Stephen Mitchell**

# O Verdadeiro Poder

COMO GERENCIAR EMPRESAS APLICANDO
OS PRINCÍPIOS DO TAO TE KING

Tradução de Melania Scoss e Merle Scoss

Editora Cultrix
São Paulo

Título do original:
*Real Power*

Copyright ©1998 James A. Autry e Stephen Mitchell.

Todos os direitos reservados. Nenhuma parte deste livro pode ser reproduzida ou usada de qualquer forma ou por qualquer meio, eletrônico ou mecânico, inclusive fotocópias, gravações ou sistema de armazenamento em banco de dados, sem permissão por escrito, exceto nos casos de trechos curtos citados em resenhas críticas ou artigos de revistas.

O primeiro número à esquerda indica a edição, ou reedição, desta obra. A primeira dezena à direita indica o ano em que esta edição, ou reedição, foi publicada.

| Edição | Ano |
|---|---|
| 1-2-3-4-5-6-7-8-9 | 00-01-02-03-04-05 |

Direitos de tradução para o Brasil
adquiridos com exclusividade pela
**EDITORA CULTRIX LTDA.**
Rua Dr. Mário Vicente, 374 — 04270-000 — São Paulo, SP
Fone: 272-1399 — Fax: 272-4770
E-mail: pensamento@cultrix.com.br
http://www.pensamento-cultrix.com.br
que se reserva a propriedade literária desta tradução.

*Impresso em nossas oficinas gráficas.*

Aos nossos caros
amigos do The Gully

# Sumário

Prefácio de James A. Autry ............................................................... 9

Introdução de Stephen Mitchell ....................................................... 13

●

Prólogo ................................................................................................. 17

Parte 1. O Líder Sábio ....................................................................... 21

Parte 2. Renúncia ao Controle ......................................................... 77

Parte 3. A Motivação ......................................................................... 109

Parte 4. A Criação de uma Comunidade que Funciona ............... 133

Parte 5. A Visão .................................................................................. 161

●

Recursos Adicionais ........................................................................... 187

Agradecimentos .................................................................................. 191

# Prefácio

Passei grande parte da minha vida procurando respostas. Como homem de negócios durante 32 anos, dos quais trinta na área de administração, lancei novos produtos e renovei produtos antigos, adquiri empresas bem-sucedidas e vendi empresas que apresentavam baixo desempenho. Contratei pessoas e promovi pessoas; demiti pessoas e rebaixei pessoas. Administrei uma equipe de dez funcionários, e administrei um grupo de novecentos membros.

Durante vinte daqueles anos, mantive a ilusão de que poderia encontrar as respostas e ficar no controle. Quando finalmente percebi que não poderia ter o controle e que, se tivesse paciência, as respostas viriam ao meu encontro, iniciei os mais interessantes, criativos e produtivos anos da minha vida pessoal e profissional.

Entretanto, no meu trabalho atual com empresas de todos os tamanhos, observo que a busca de respostas e de controle ainda domina o pensamento da maioria dos administradores e dos líderes em formação. Apesar de toda a conversa em torno de organização horizontal, decisões descentralizadas e autocapacitação pessoal, está claro que a maioria das pessoas de negócios se sente muito mais confortável dentro do antigo modelo.

O sistema de comando-e-controle é um hábito muito arraigado para que as empresas consigam abandoná-lo. Nos dias de hoje, parece quase cômico ver na parede de um escritório a cópia de um daqueles organogramas de empresa em forma de pirâmide. Qualquer pessoa que tenha passado pelo menos um ano no mundo dos negócios sabe que esses organogramas não refletem o modo pelo qual as informações e o poder fluem dentro de uma organização. No entanto, lá estão eles, iguais a totens, para que todos os vejam, como se sua visão fizesse gerentes e empregados compreender o funcionamento da organização.

O organograma simboliza um problema maior. Reflete o desejo do ego por poder a curto prazo; algo que ele pensa que conseguirá tentando controlar as coisas. O modelo vertical de administração apóia as necessidades do ego dos gerentes, particularmente daqueles que não acreditam na própria capacidade de ajudar os outros a se tornarem produtivos.

A busca por maior poder oferece uma fértil oportunidade para o crescente exército de escritores e consultores na área gerencial. O resultado é uma avalanche de livros sobre administração e liderança, hoje competindo com a ficção popular por espaço nas estantes das livrarias. Quando um desses livros surge, muitos executivos se atiram à mais recente promessa de prosperidade infalível, nasce um novo grupo de consultores e os empresários de todo o país se vêem forçados a adotar o modismo gerencial do momento.

Talvez haja mérito em todos esses sistemas, mas nós, no mundo dos negócios, freqüentemente nos desapontamos com o fracasso deles em cumprir suas promessas. Por que eles falham? Acredito que é porque os executivos põem demasiada fé nos sistemas e pouca fé nas pessoas. Sem o compromisso e o envolvimento das pessoas, não apenas as do topo mas as de toda a empresa, nenhum sistema poderá ter sucesso. O poder de uma idéia só se expressa por intermédio das pessoas.

Venho citando o Tao Te King há anos, como alto executivo de empresas e como consultor, em palestras e seminários sobre administração. Com freqüência me pedem para interpretar o significado específico de um capítulo numa situação de negócios. Houve ocasiões em que o Tao Te King foi julgado mais um daqueles obscuros livros de filosofia asiática impingidos como teoria gerencial da Nova Era.

No sentido mais profundo e fundamental, o Tao Te King é um livro de auto-ajuda. Mas ele freqüentemente requer adaptações para uso no contexto dos negócios. Quando Stephen Mitchell — cuja tradução do Tao Te King para o inglês foi chamada de "definitiva para a nossa época" — perguntou-me se eu estaria interessado em trabalhar com ele numa interpretação do Tao Te King voltada aos homens e mulheres de negócios, abracei a oportunidade.

O Tao Te King, talvez o mais profundo livro do mundo sobre a sabedoria da liderança, fala de princípios que formam a base de todos os empreendimentos verdadeiramente gratificantes. Esse é um método já praticado por muitos poderosos líderes empresariais, porém chamado por outros nomes: "a liderança do servidor", "liderança baseada em valores" ou "liderança a partir do coração". Cada um desses nomes descreve aspectos da sabedoria desse antigo texto. Ele suplanta todos os sistemas, e ainda favorece a realização, tanto pessoal como organizacional.

Embora o Tao Te King seja antigo, a aplicação de seus ensinamentos à liderança empresarial é um desenvolvimento relativamente recente. Num nível profundo, os ensinamentos do Tao Te King oferecem um poderoso caminho; poderoso de uma maneira que o pensamento empresarial convencional não consegue ser. Esses ensinamentos apontam para as mais elementares verdades humanas e iluminam cada área de atividade do ser humano. Imagine-se aplicando ao seu casamento as metáforas guerreiras tão populares nos círculos empresariais ou criando seus filhos segundo o manual da administração de funcionários públicos. Boa sorte!

O Tao Te King não está pedindo que você aceite algo como questão de fé. Você não precisa entender todos os ensinamentos dele. Apenas mantenha a mente aberta e teste os ensinamentos. Quanto mais você for capaz de vivê-los, mais apreciará sua profunda sabedoria e eficácia.

Os empresários que já começaram a viver em profundidade esses ensinamentos descobriram que eles têm imenso valor, não só para seu trabalho como também para a vida particular. Isso nunca foi tão importante como hoje. Enfrentando as enormes pressões do mundo dos negócios atualmente, muitas pessoas tentam equilibrar a vida e o trabalho alocando a cada um deles certa quantidade de tempo. O tempo é importante, mas é muito mais necessário que você — e não seu tempo — esteja em equilíbrio. Isso significa estar bem ancorado e ser coerente, manifestar os mesmos valores onde quer que esteja, em casa ou no trabalho, com os amigos ou os filhos, com colegas, empregados ou clientes.

Mesmo que você não esteja enfrentando adversidades em seus negócios, todos nós, no mundo empresarial, enfrentamos cada vez mais o grande desconhecido. A mudança nos atinge como um tiro entre os olhos, a cada dia. Mudança social, mudança no mercado, mudança na legislação, mudança financeira e, a mais invasora de todas, a mudança tecnológica. A grande verdade de todas essas mudanças é que não sabemos o que vai acontecer, não temos certeza se saberemos o que fazer, nem ao menos podemos confiar que nossa empresa ou nosso emprego será relevante daqui a cinco anos.

O Tao Te King ensina que a verdadeira compreensão é perceber que você não tem onde se firmar. Não consigo imaginar uma época mais propícia para buscarmos a sabedoria do Tao Te King e compreendermos a seguinte realidade: aceitar o não-controle é o único meio de administrar as coisas. Leia sobre o conceito do não-saber, pense nele, adote-o. E então você será capaz de enfrentar, como nunca antes, o ritmo insano da mudança.

Não é exigida uma técnica ou conhecimento especial para você obter deste livro aquilo de que precisa. Comece em qualquer página. Mergulhe nele. Leia e releia o mesmo capítulo, para ver quantas lições diferentes pode aprender. Mantenha-o na sua mesa. Carregue-o na sua pasta.

Ao comentar os textos do Tao Te King, tentei adaptar os exemplos de Lao-tse sobre governo e estratégia militar às situações de liderança empresarial. Você encontrará comentários sobre redução de tamanho no redimensionamento de atividades, remunerações, avaliações, treinamento, aquisições, concorrência e muitos outros tópicos do mundo empresarial contemporâneo. Espero que esta interpretação do Tao Te King possa abrir um caminho aos homens e mulheres de negócios, ao mesmo tempo que permanece fiel ao sentido do texto original. Meu objetivo é simples: oferecer aos administradores e líderes empresariais uma poderosa ferramenta para explorarem o mais importante recurso que eles possuem — sua própria sabedoria.

— JAMES A. AUTRY

## Introdução

O Tao Te King ensina uma sabedoria que já era antiga mesmo para Lao-tse, seu suposto autor, que o teria escrito (ou não) por volta de 500 a.C. Quase desconhecido no Ocidente até o século XX, o Tao Te King é hoje o livro mais traduzido do mundo, com exceção da Bíblia. Já se disse que é o livro mais sábio jamais escrito. É também o livro mais prático jamais escrito. Em 81 pequenos capítulos, o Tao Te King contempla a dificuldade básica do ser humano e oferece conselhos que trazem equilíbrio e perspectiva, e um espírito sereno e generoso. Ensina como trabalhar para o bem comum usando a habilidade livre de esforço que provém do estado de harmonia com a realidade, e também se aplica, igualmente bem, ao governo de uma nação e à educação de uma criança. É o manual clássico sobre a arte de viver, escrito num estilo lucidamente cristalino, radiante de humor e graça, com uma sabedoria profunda e compassiva: uma das maravilhas do mundo.

Assim como todas as esferas da atividade humana, os negócios e a administração podem ser intensamente iluminados pelos ensinamentos do Tao Te King. Mas o texto é tão denso, tão repleto de essência, que seu grande valor talvez seja difícil de perceber ao primeiro olhar. Foi por essa razão que Jim Autry e eu decidimos selecionar algumas passagens e adaptá-las ao mundo dos negócios (abaixo de cada trecho selecionado, está o número do Capítulo da versão original). Os comentários — essencialmente de Jim, com sugestões minhas — são um desdobramento e uma complementação de certos aspectos do texto. Claro que o Tao Te King é mais profundo e mais vasto do que qualquer explicação sobre ele. Depois de ler os comentários de cada capítulo, talvez você queira dedicar algum tempo ao próprio texto, mesmo — ou especialmente — quando ele parece impenetrável. Aquilo que é impenetrável hoje talvez seja cristalino amanhã. O texto se torna mais claro à medida que você o põe em prática.

Muitas pessoas, em seu primeiro encontro com o Tao Te King, se detêm na palavra *Tao*. Literalmente, ela significa "O Caminho" e indica como as coisas são — a fonte ou essência ou princípio básico do Universo. Talvez você ache que isso é difícil de compreender. Na verdade, é impossível de compreender. Essa é a questão! Tudo o que as palavras possam dizer sobre o Tao, não é ele. Ele é impensável, inimaginável, intocável.

*Antes de o Universo nascer*
*já havia algo sem forma e perfeito.*
*Algo sereno. Vazio.*
*Solitário. Imutável.*
*Infinito. Eternamente presente.*
*Flui através de todas as coisas,*
*dentro e fora, e retorna*
*à origem de todas as coisas.*
*É a mãe do Universo.*
*À falta de um nome melhor,*
*chamo-o de Tao.*

(do Capítulo 25 do original,
não incluído na nossa seleção)

O Tao não é uma idéia. Nem uma espécie de imagem mística e impraticável. Embora você não consiga percebê-lo, ele está sempre presente, sempre com você. "O Tao é a lei da natureza", diz outro antigo clássico, "do qual nosso eu verdadeiro não pode se separar nem mesmo por um instante. Se você pudesse se separar dele, ele não seria o Tao." Ele é a mais real das realidades. Você não consegue vê-lo, mas pode ver seus efeitos, assim como os físicos traçam o caminho de uma partícula subatômica através de uma câmara de nuvens. Com um pouco de prática, você achará fácil perceber quando está em harmonia com o Tao e quando está indo contra sua corrente.

Todos nós sabemos, por meio das nossas experiências com os esportes ou a dança, o que é estar "no Tao" ou "em sintonia": imerso na corrente de energia onde a ação correta acontece por si mesma, sem esforço. De algum modo, a inteligência inata do corpo assume temporariamente o comando, e a bola arremessa a bola, a raquete faz girar a raquete, não se pode distinguir o dançarino da dança. Esse é um paradigma daquilo que o Tao Te King chama de "não-fazer" ou "não-ação": a mais pura e mais eficaz forma de ação. Ela é sempre uma experiência mágica. Se pensar nela, você a perde. Se tentar fazê-la acontecer, ela não acontecerá. Ela vai e vem ao seu bel-prazer. Quando ela vem, ficamos inspirados e gratos. Quando ela se vai, tentamos dar o melhor de nós no dia-a-dia. Aqui, a lição central é pôr de lado o controle, deixar de lado até mesmo o desejo de controlar. Quando o ego sai do caminho, o Tao entra, com uma inteligência que vai além dos nossos sonhos.

Quanto mais você incorpora esses ensinamentos, mais as partes dispersas da sua vida voltam ao devido lugar e se tornam um todo indivisível; o trabalho parece não exigir esforço; seu coração se abre, por vontade própria, a todas as pessoas da sua vida; você tem tempo para tudo o que vale a pena; sua mente se torna vazia, transparente, serena; você aceita o pesar e a alegria, o fracasso e o sucesso; sem pensar, você age com integridade e compaixão; e descobre que passou a confiar completamente na vida.

A figura central que Lao-tse colocou no Tao Te King, a quem ele chama de Mestre, é um homem ou uma mulher cuja vida está em perfeita harmonia com as coisas tais como elas são. Esse Mestre é o oposto do idealista ou do místico; na verdade, é infinitamente prático, capaz, flexível, sensual, bem-humorado, amoroso e radiantemente vivo. O Mestre, a pessoa madura, o líder sábio, é uma realidade que cada um de nós pode incorporar. Potencialmente, todos nós somos o Mestre — pois o Mestre é o nosso eu essencial, vendo todas as coisas com nossa face original. Nada no mundo é tão belo quanto essa face. Se você se olhar no espelho com paciência suficiente, é essa a face que verá.

— STEPHEN MITCHELL

# Prólogo

# 1

*O tao que pode ser dito
não é o Tao eterno.
O nome que pode ser pronunciado
não é o Nome eterno.*

*O inominável é o eternamente real...*

(do Capítulo 1)

Alguns líderes empresariais simplesmente o têm. Você o conhece quando o vê, mas não consegue realmente identificá-lo ou classificá-lo. Talvez o chame de discernimento, instinto ou intuição; talvez diga que é "o toque" ou "o truque". Você não consegue encostar nele e não sabe como chamá-lo. O fato é que ele não tem nome. Tudo bem, desde que você seja capaz de ver por si mesmo o que acontece quando os líderes sabem como ser líderes: um determinado presidente de corporação ou um vice-presidente executivo, ou certo chefe de departamento, simplesmente tem um jeito especial de fazer as coisas darem certo para todos os membros do grupo, ao mesmo tempo que alcança excelentes resultados empresariais. Não quer dizer que todas as idéias, planos ou produtos sejam um enorme sucesso, mas o líder e os empregados aceitam os resultados, aprendem com eles e passam para o projeto seguinte com paixão e entusiasmo.

Se você olhar fora do local de trabalho, verá que os líderes e empregados se realizam não só pelo trabalho, mas também na vida pessoal. Eles se envolvem apaixonadamente com a comunidade e experimentam uma profunda alegria e união com seus entes queridos.

Ao observar todos esses resultados, o que você está vendo é o bom trabalho de líderes sábios. Apesar das tentativas de explicar o sucesso desses líderes, as características que o produzem não podem ser explicadas. De tempos em tempos os acadêmicos das escolas de administração estudam casos exemplares, tentando definir o que pensam estar observando a fim de reproduzi-lo de forma sistemática. Então, para desalento desses acadêmicos, aquele "algo mais" — seja lá o que for — não funciona em outro ambiente ou com outro executivo.

O que é mais valioso não tem nome. O líder sábio está à vontade com o mistério desse algo e não desperdiça energias tentando formar uma imagem dele. Não precisa rotular todas as coisas nem se deixa limitar pelo desejo de alcançar algum resultado específico. Sabe que sua função é unir as pessoas no local de trabalho e, por meio tanto de treinamento quanto de encorajamento pessoal, assegurar que elas compreendam como cada cargo individual se relaciona com o propósito maior da empresa. Uma vez que isso seja conseguido, o líder sábio confia que empregados comprometidos, trabalhando juntos num esforço comum, produzirão mais do que ele poderia ter prescrito por meio de um processo de planejamento estratégico formal. Esta é a base para o verdadeiro poder.

# Parte 1

# O Líder Sábio

# 2

*Se você quer se tornar inteiro,*
*seja parcial.*
*Se quer se tornar reto,*
*seja torto.*
*Se quer se tornar pleno,*
*esvazie-se...*

*(do Capítulo 22)*

Pense em si mesmo como um trabalho em andamento. Porque é isso que todos nós somos. E o maior passo em direção à totalidade é aceitar que somos incompletos. Quando reconhecemos esse fato, nos tornamos mais completos.

O que quer que você tenha na vida — talento, recursos, posição — é o suficiente. Se você realmente aceita que, de tudo, tem o suficiente, esses dons se multiplicarão por toda a sua empresa e serão usados da maneira mais cooperativa e fraternal. Certamente, você pode receber mais de tudo; pode desfrutar o que recebe. Isso é ótimo. Vá em frente e celebre a abundância, todos os símbolos visíveis do sucesso, tudo, desde um carro luxuoso até um belo apartamento na praia. Mas não se prenda à idéia de possuir ou não esses objetos, e nunca lamente aquilo que não tem. Esse tipo de pensamento o impedirá de perceber que você, mesmo sendo incompleto, é sempre inteiro.

Havia um empresário muito bem-sucedido, homem de pouca escolaridade mas esperto e astuto, que fizera uma série de aquisições lucrativas e construíra uma grande cadeia de postos de serviço automotivo. Mas era conhecido, entre os colegas e amigos, como um homem perpetuamente insatisfeito com seu desempenho nos negócios. Ele costumava passar em frente do posto de um concorrente e dizer: "Eu poderia ter comprado este posto por um décimo do que ele vale hoje" ou "Eu tive a chance de comprar este posto, mas fui idiota e não comprei." E então, um dia, já idoso, ele parou no meio de uma dessas frases e disse a um amigo: "Sabe, a gente não ganha um centavo nesses benditos postos que poderia ter comprado mas não comprou." E nunca mais os mencionou.

Você não ganha nada se preocupando com aquilo que não conseguiu ou que não tem.

Onde começa o verdadeiro poder? Dentro de nós, com autopercepção e auto-aceitação. É uma transição do exterior para o interior. Aceitar as coisas como elas são, aceitar-se como você é — esse é o caminho para a liderança e a realização.

# 3

*Os homens nascem suaves e maleáveis;*
*mortos, ficam duros e rígidos.*
*As plantas nascem tenras e flexíveis;*
*mortas, ficam secas e quebradiças.*

*Assim, quem for rígido e inflexível*
*é um discípulo da morte.*
*Quem for suave e flexível*
*é um discípulo da vida...*

*(do Capítulo 76)*

Nos negócios, geralmente admiramos as pessoas que são organizadas e empreendedoras. A rigidez — "resistir ao ataque", "nunca retroceder" e assim por diante — costuma ser interpretada como uma "força" masculina. Mas muitas vezes também é verdade que essas mesmas pessoas são inflexíveis em suas atitudes. É importante interrogarmos se elas são organizadas e empreendedoras porque são eficientes ou porque têm medo de não estar no controle.

A suavidade, por outro lado, representa a "fraqueza" feminina. Mas seria melhor depor as armas e esquecer esses estereótipos. Além de tolos, eles são inexatos e enganadores. A suavidade também pode significar maleabilidade, flexibilidade, receptividade de corpo e mente. Observe um mestre de tai chi ou aikidô e você saberá o que é a potente suavidade em ação.

Os administradores freqüentemente vêem sua maleabilidade desafiada quando enfrentam situações que infringem as suas expectativas de como as coisas deveriam ser. Por exemplo, alguns gerentes consideram uma traição pessoal se alguém, particularmente uma pessoa-chave, pedir demissão. "Depois de tudo o que eu fiz", o gerente pensa, "ela arranja outro emprego e destrói todos os planos que eu tinha para ela e para o departamento."

Há ainda os executivos que ficam atordoados quando mudam as condições dos negócios ou quando o mercado toma um rumo não previsto na seção "contingências" do plano estratégico. Como não conseguem lidar com uma realidade que está além de sua habilidade de previsão, eles reagem com exagero ou ficam paralisados.

O líder sábio usa as dificuldades (por exemplo, um pedido de demissão), percebendo que toda vez que um empregado entra ou sai há uma oportunidade, talvez de mudar a estrutura organizacional, promover outro empregado ou mesmo eliminar um cargo e reduzir custos. Quando um empregado pede demissão, o líder lhe deseja boa sorte e jamais fecha a porta à readmissão.

O presidente de uma grande e próspera loja de departamentos encorajava enfaticamente seus vendedores a usar o próprio discernimento no trato com os clientes, lembrando que conservar o cliente é mais importante do que políticas ou regulamentos internos das lojas. A maioria dos varejistas estabelece procedimentos rígidos para cada transação, assim transformando seus vendedores em apáticas extensões de um sistema inflexível. Quando questionado se tratar bem a clientela não acarretaria mais trocas de produtos ou encorajaria os vendedores a "trair a loja", ele respondeu que o comportamento abusivo resultante da adesão a um sistema rígido espanta tantos clientes que, no final, ele saía ganhando.

O líder sábio percebe que é absurdo acreditar em planejamento para todas as contingências e que surgem grandes oportunidades se ele permanecer flexível e fizer uso de tudo o que acontecer. De fato, as melhores soluções freqüentemente vêm em resposta a uma situação não planejada, porque essas soluções nascem da mais profunda inteligência do líder.

Assim como o corpo e a mente permanecem jovens e vitalizados quando se aumenta sua flexibilidade, uma organização que valoriza a maleabilidade permanece vitalizada e criativa. É um ato de força abandonar as velhas definições de poder e permanecer flexível, suave e pronto a ceder.

# 4

> *Você é capaz de persuadir sua mente a não divagar
> e mantê-la na sua indivisibilidade original?
> Você é capaz de permitir que seu corpo se torne
> maleável como o corpo de um recém-nascido?
> Você é capaz de limpar sua visão interior
> até não ver nada além de luz?...*
>
> (do Capítulo 10)

É difícil manter em foco a atmosfera ampla e receptiva necessária para criar os melhores ambientes de trabalho. Todos nós sabemos como é fácil distrair a mente — em especial quando, no meio de um projeto, uma crise ou emergência, na qual podemos nos tornar o heróis, quebra a nossa concentração.

Algumas pessoas, é claro, precisam de uma crise e, se essa crise não estiver acontecendo, elas a criarão. Irão revirar ansiosamente a "caixa de entrada" em busca de um problema ou darão a um projeto uma falsa urgência, pois precisam de uma crise para ter algo a que reagir; precisam da crise para sentir que estão realmente fazendo alguma coisa; e precisam de uma crise como desculpa para o trabalho malfeito. "Eu podia ter feito um trabalho melhor, mas estávamos prensados contra a parede. Tivemos sorte de poder pelo menos concluir o projeto."

Essa gente gosta de alegar que uma situação é impossível, pois assim o chefe irá apreciar a atitude decidida delas para tentar o impossível. Havia um alto executivo muito bem-sucedido que, quando lhe diziam que um projeto era impossível, sempre perguntava: "O projeto é impossível ou apenas inconveniente?" Na maioria das vezes, era apenas inconveniente.

Os indivíduos que são movidos por crises estão deixando as circunstâncias definirem suas vidas, em vez de permitir que todas as coisas se manifestem no espaço em que o trabalho é executado. Eles podem ter sucesso por algum tempo e alcançar certo nível de distinção como gerenciadores de crises, mas a que preço? Eles esquecem como funcionam em modo "normal". Jamais compreendem o que significa fazer um trabalho excelente e nele encontrar realização. Perdem a capacidade de refletir — ver o espaço do qual nasce toda grande sabedoria e todo grande trabalho.

Freqüentemente temos de mudar, muitas vezes num dia ou numa semana, o modo de abordar os problemas. E, se não conseguimos fazer isso com fluidez, criamos mais dificuldades para nós mesmos, pois nos agarramos a um projeto enquanto somos empurrados para o projeto seguinte, sempre em guerra com nossas próprias prioridades. À medida que nossa mente se assemelha ao novo ambiente de trabalho, nos tornamos maleáveis o suficiente para levar em conta todas as circunstâncias, sem estar divididos interiormente.

# 5

> *Aqueles que sabem não falam.*
> *Aqueles que falam não sabem...*
>
> *Seja como o Tao.*
> *Ele não pode ser abordado ou afastado,*
> *beneficiado ou prejudicado,*
> *reverenciado ou levado à desgraça.*
> *Ele entrega-se continuamente.*
> *É por isso que perdura.*
>
> *(do Capítulo 56)*

O intercâmbio verbal de informações é uma parte tão importante dos negócios que nos inspira a falar demais — é como se "quanto mais falarmos de um assunto, melhor". Apesar disso, todo vendedor já passou pela experiência de perder uma venda porque não soube quando se calar e deixar o cliente dizer "sim".

Os administradores falam demais porque acreditam que se espera deles todas as respostas; mas falar demais freqüentemente priva-os das informações. Quando o líder está falando, a maioria das pessoas permanece calada. Já o silêncio do executivo, por outro lado, libera todos os outros para falar. Faça perguntas, depois fique quieto, mesmo que as respostas não venham imediatamente. Resistir à compulsão de preencher esses silêncios pode fazer aparecer respostas que, de outra maneira, você jamais conseguiria.

Encoraje o seu grupo a sentar-se em silêncio por alguns minutos. Você ficará surpreso com o que surge quando a conversação recomeça. Com freqüência, é o comentário sincero e realmente urgente que vem para quebrar o silêncio. Talvez você descubra que uma pessoa-chave num projeto não sabia o que era esperado dela; que não havia recursos suficientes ou os recursos estavam errados; talvez você tenha subestimado, ou superestimado, a carga de trabalho; talvez alguém conheça uma maneira melhor de completar a tarefa atual, mas nunca abriu a boca porque você sempre dava as respostas. Se você fala em vez de escutar, nunca saberá quais situações realmente exigem a sua atenção.

Certa empresa bem-sucedida tem o hábito de agendar mensalmente uma reunião especial em cada departamento. Essa reunião é chamada de "círculos de silêncio" e se destina a oferecer a todos uma oportunidade de falar de assuntos *outros que não* logística, planejamento, operações e orçamento. Assim explica o presidente: "Nós começamos com vinte minutos de completo silêncio, que, segundo alguns estudos, mudam a química do cérebro. Seja isso verdade ou não, eu sei que se cria uma atmosfera emocional diferente. Falamos como estamos nos sentindo em relação ao nosso trabalho, nossa vida, qualquer coisa. Muito material vem à tona, inclusive alguns conflitos, mas somos capazes de falar de tudo isso." Quais são os benefícios? "Para começar, ficamos conhecendo melhor uns aos outros; até posso mesmo dizer que passamos a nos interessar mais uns pelos outros. Isso cria uma intenção mais positiva nas relações de trabalho e parece eliminar muita irritação e maledicência, pois temos um fórum onde tudo é ventilado aberta e honestamente."

Compare essa atitude com a do executivo-chefe de uma corporação que ficou conhecido por tomar decisões inadequadas na admissão de pessoal. Ele fazia uma pergunta ao candidato e, se este hesitava, o executivo começava a falar. Se o candidato sorria em aprovação, parecendo concordar com o que o executivo dizia, ele assumia que o candidato possuía um nível de inteligência e capacidade do qual não tinha provas reais.

Um dos maiores passos para o verdadeiro poder é aprender quando falar e quando permanecer calado. E quando você falar, use uma linguagem simples e direta. O objetivo deverá ser uma comunicação clara. Use a mesma voz e o mesmo tom com todas as pessoas, sejam elas gerentes, empregados ou colegas. Mantenha-se relaxado, centrado, enraizado e calmo.

Se você atingir esse modo maduro de se comunicar, suas perspectivas e seu senso de equilíbrio nunca serão afetados pelos caprichos do seu mundo profissional ou pessoal, pelas mudanças nas pessoas ou organizações, pelas boas ou más notícias.

# 6

> *Ao atuar no mundo, o Tao*
> *é como a curvatura de um arco.*
> *O topo se curva para baixo;*
> *a base se curva para cima.*
> *Excesso e deficiência são ajustados*
> *de modo que há um equilíbrio perfeito...*
>
> (do Capítulo 77)

A maioria dos ataques cardíacos ocorre por volta das nove horas da manhã da segunda-feira. Um estudo mostrou que o fator mais comum desses ataques era o fato de as vítimas serem pessoas cujo trabalho havia se tornado "uma luta sem alegria". Em outras palavras, a vítima não encontrava significado no trabalho e sua vida se tornara tão desequilibrada que, numa manhã de segunda-feira, seu corpo dizia: "Hoje você não vai trabalhar. Morra!"

Há um presidente de uma empresa que gosta de dizer: "Meu trabalho é criar *stress*". Então, é óbvio, ele começa a reclamar dos altos custos do plano de saúde em sua empresa. Deve ser a última pessoa do mundo a perceber a ligação entre *stress* e problemas de saúde.

O universo se esforça para atingir o equilíbrio. Não permite que as coisas se acumulem por muito tempo. Nem mesmo para as pessoas de negócios. Quantas e quantas vezes os executivos muito ambiciosos não são atingidos por doenças ligadas ao *stress*? Quantas vezes você já não ouviu: "Um ataque cardíaco é a maneira de Deus dizer-lhe que diminua o ritmo?"

Quando a vida está desequilibrada, nada funciona. Há demasiada pressão no trabalho e demasiada pressão em casa, e o tempo não é suficiente para responder a nenhuma delas. Na busca por uma vida equilibrada, a maioria dos homens e mulheres de negócios se frustra a tal ponto que as suas conversas freqüentemente se concentram no miserável fracasso nessa busca. Eles lutam por "qualidade" de tempo com a família e os amigos; por um tempo para trocar idéias com seus associados; por um tempo para o trabalho produtivo; e por um tempo para simplesmente pensar. Parecem acreditar que se cada dia tivesse mais algumas horas, suas vidas se tornariam milagrosamente mais equilibradas.

Um alto executivo adotou a prática de interferir sempre que via alguém começar regularmente a fazer horas extras, à noite ou nos fins de semana. Examinava a descrição do cargo e os padrões de desempenho daquela pessoa, para determinar o que estaria exigindo tanto tempo. Ele sempre presumia que, se um trabalho exigia todo aquele tempo para ser realizado, tinha algo errado com o modo pelo qual o trabalho era estabelecido. Ele explicou: "Se você deixa os empregados trabalharem duro por tanto tempo, acabará por perder o investimento que fez no treinamento deles, porque eles vão ter uma estafa ou se demitir, ou ambos."

A rotatividade causada pela estafa é dinheiro jogado fora, e sempre será por culpa do executivo. Forçar a produção dos seus empregados (ou de você mesmo) a ponto de criar um ambiente doentio é tudo *menos* produtivo.

O equilíbrio da sua vida não está ligado ao tempo; está ligado aos valores. Você pode aprender muitas maneiras úteis de usar melhor o seu tempo, mas sua vida não se equilibrará enquanto você não aprender também a determinar aquilo que realmente valoriza.

## 7

*Os antigos Mestres eram profundos e sutis.*
*Sua sabedoria era insondável./Não há como descrevê-la;*
*tudo o que podemos descrever é a aparência deles.*

*Eles eram cuidadosos*
*como alguém ao cruzar um rio coberto de gelo.*
*Alertas como um guerreiro em território inimigo...*

*Você tem a paciência de esperar*
*até o seu lodo assentar e a água ficar limpa?*
*Você consegue permanecer imóvel*
*até a ação correta surgir por si mesma?*

*O Mestre não busca realização.*
*Sem buscar, sem ter expectativas,*
*está presente e consegue acolher todas as coisas.*

*(do Capítulo 15)*

De todas as palavras escritas sobre o modo de ser e agir de um líder, estas são as mais simples e, no entanto, as mais profundas. Talvez seja difícil realizá-las plenamente, mas todos nós podemos começar a pô-las em prática.

Muitos executivos se consideram alertas e cuidadosos no sentido de que estão sempre observando seus empregados para ter certeza de que eles não cometem erros; ou simplesmente para protegerem a si mesmos de censuras. As imagens da fina camada de gelo e do território inimigo não simbolizam a ameaça à posição ou autoridade do executivo. Ao contrário, representam uma condição de alerta e uma sensibilidade que intensificam o estado de atenção plena a todas as coisas e pessoas à sua volta — em particular, atenção ao momento apropriado de agir.

É muito fácil dizer que o líder sábio é cuidadoso, alerta, cortês, flexível, receptivo, sensível e tolerante. É quase como recitar o código de conduta dos escoteiros. Mas este texto do Tao Te King, na verdade, resume-se à paciência. Os gerentes, condicionados a ser decididos, geralmente agem com demasiada rapidez, embora não agir talvez fosse a ação correta. Alguns gerentes fazem a coisa errada; outros fazem a coisa certa, mas a invalidam por fazê-la no momento errado.

"Cá estou eu sentado à minha mesa", diz você, "esperando que a ação certa e o tempo certo se revelem, e então o chefe entra e diz: 'Você não está fazendo nada!' Será que alguém espera que eu responda: 'Estou esperando o tempo certo, chefe'?"

Pode ser alarmante confiar que as ações corretas se revelarão se você for paciente e estiver pronto para reconhecê-las. O único meio de conhecer a ação correta é limpar sua mente do lodo gerado pela raiva, pelo medo, pelas suposições e pela ambição — o lodo do ego, o lodo do controle. Se você não conseguir limpar sua mente, executará sempre a ação óbvia e imediata, deixando as coisas se encaixarem do jeito que der e esperando bons resultados — como a maioria dos outros executivos do mundo.

# 8

> *...Pense no pequeno como se ele fosse grande
> e no pouco como se fosse muito.
> Enfrente a dificuldade
> enquanto ela ainda é simples;
> realize a grande tarefa
> por meio de uma série de pequenas ações...*

*(do Capítulo 63)*

Esqueça as categorias de grande e pequeno. Para se envolver com o seu trabalho — na verdade, para se envolver com a vida — você não deveria pensar nas coisas como sendo pequenas e como sendo grandes. Afinal de contas, o que é pequeno? Trocar uma fralda, varrer o chão, dizer "oi" para um empregado? O que é grande? Uma reunião de planejamento estratégico, uma importante apresentação de vendas, uma conferência com os analistas financeiros?

Cada uma dessas coisas, desde a troca de fraldas até a conferência financeira, pode ser um acontecimento cósmico. Não temos como ver as conseqüências últimas nem mesmo das nossas menores ações e, por isso, cada uma delas merece a mesma atenção meticulosa. Cada ação é parte integrante da sua vida ou do seu trabalho, e dispensar a todas elas uma atenção plena pode fazer uma enorme diferença no modo pelo qual as coisas funcionam. Os bons pais percebem as afinidades do filho nos pequenos atos ou nos comentários desimportantes que ele faz. Se isso é ignorado, os pais perdem uma excelente oportunidade de incentivar os talentos do filho.

É importante que você veja desse modo tudo o que faz. Quase todos nós nos lembramos de nossa mãe em seus pequenos atos diários dedicados ao nosso conforto e proteção — como aconchegar nossas cobertas no meio da noite quando estávamos doentes — mas, quando se interroga os homens e mulheres de negócios se eles lembram-se do pai fazendo essas coisas, pouquíssimos respondem. Pense nas chances que esses pais perderam de construir uma forte ligação com o filho, apenas por não verem que os atos pequenos e às vezes desagradáveis fazem parte do seu crescimento enquanto pessoa e enquanto pai. As mesmas oportunidades de crescer e relacionar-se existem no dia-a-dia do nosso emprego.

A preocupação com o quadro geral pode levar você a acreditar que os detalhes não merecem a sua atenção. Entretanto, uma infinidade de "coisinhas" vitais pode ficar fora da sua programação e acabar sendo a grande oportunidade de você ter uma queda estrondosa.

Por exemplo, nos anos 80, uma conhecida companhia editora adquiriu uma editora menor por um preço muito atraente. Essa aquisição fazia parte do plano de um alto executivo para dominar certa área editorial. No esforço de fazer a aquisição e assegurar a excelente posição no mercado, o executivo pressionou seu pessoal e os fez agir sem o cuidado costumeiro. "Nós podemos examinar os detalhes mais tarde", ele lhes disse. Na pressa, entretanto, o seu pessoal ignorou um detalhe que não poderia deixar de ser examinado. Milhares de clientes estavam encomendando o produto. Os pedidos estavam sob controle. Isso era bom. As faturas estavam sendo emitidas em dia. Isso era bom. Mas só 20% dos clientes estavam pagando suas faturas. Alguém, de alguma maneira, esquecera de checar o índice de cobranças, que não estava exatamente escondido, mas bem encoberto por uma infinidade de outros detalhes financeiros. Isso era ruim — tão ruim, na verdade, que toda a estratégia falhou e as perdas resultantes impediram novos investimentos por muitos anos.

E que tal esta pergunta: "Quem é pequeno e quem é grande?" O presidente da empresa é grande e o porteiro é pequeno? Numa hierarquia, as pessoas tendem a pensar assim, mas isso é um grave erro, porque inevitavelmente leva essas pessoas a atribuir certas características ao "grande" e outras ao "pequeno". Por exemplo, os superiores hierárquicos precisam ser mais inteligentes, certo? São eles que inventam as grandes estratégias de *marketing* ou têm novas idéias de produtos ou de processos produtivos inovadores, certo? Errado. Na sua empresa, nenhuma pessoa tem mais valor humano do que outra. Independentemente da importância do cargo, do salário ou da posição, ninguém é maior ou menor do que os outros. É muito freqüente confundirmos o valor humano com o valor de mercado de um cargo e deixarmos as necessidades do ego distorcerem a hierarquia organizacional, transformando-a num sistema de classes sociais dentro das empresas.

Numa organização, os superiores hierárquicos não são necessariamente os mais inteligentes, mas é provável que sejam muito bons em orquestrar o talento dos outros. Eles compreendem que seu papel é conciliar esses talentos com outros recursos para o bem geral da empresa. Com efeito, as empresas que não só sobreviverão, mas também predominarão no próximo século, são aquelas que buscam no trabalhador comum a inovação e que reconhecem e recompensam esses trabalhadores independentemente da hierarquia.

Embora todos devam ser recompensados, nem todos podem receber o mesmo pagamento. Aceite naturalmente o fato de que alguns cargos têm maior valor para a empresa e recebem um salário maior. As pessoas compreendem que um cargo na seção de correspondência não tem a mesma importância para o sucesso da empresa do que a posição de um vendedor sênior, mas elas não compreendem nem aceitam que você considere o indivíduo que separa a correspondência como uma pessoa "pequena". Quando isso acontece, os "pequenos" se ressentem.

Eles perdem o envolvimento com a empresa porque não se sentem valorizados, mesmo que seus salários e benefícios sejam competitivos. Basicamente, os sindicatos não se formam para aumentar salários e benefícios; eles surgem nas situações em que os empregados se sentem menosprezados.

O líder sábio compreende que, quando você não julga o que é grande ou pequeno, cada ação se torna importante. A pergunta apropriada não é: "O que é grande e o que é pequeno?", mas sim: "Qual é a próxima ação?"

# 9

*Para governar bem um país
não há nada melhor do que a moderação.*

*A marca de um homem moderado
é a liberdade em relação às suas próprias idéias...*

*Nada é impossível para ele.
Porque desprendeu-se,
ele consegue se interessar pelo bem-estar do povo...*

*(do Capítulo 59)*

A maioria das pessoas se acha moderada, porque define o moderado como aquele que não é extremado, que busca o meio-termo. Mas, moderação *não* é meio-termo. O administrador sábio, na verdade, reconhece que não pode se dar ao luxo do meio-termo. Ele precisa estar sempre avaliando idéias e propostas, e alocar tempo e dinheiro para apoiar aquelas com mais probabilidade de beneficiar toda a empresa. Se ele buscar sempre o meio-termo e escolher as idéias e projetos mais populares, seu trabalho facilmente se tornará medíocre. Assim, moderação muitas vezes significa abandonar as pressões para fazer a escolha mais popular e, então, fazer a melhor escolha.

Quando se trata de lidar com os empregados, moderação significa você ser justo e imparcial. Escolher as idéias de uma pessoa em detrimento das de outra talvez crie uma impressão de "estrelismo", o que pareceria um gerenciamento injusto e imoderado. É importante você ter certeza de que seu pessoal compreende a justiça da sua visão de longo prazo. O editor de uma revista, por exemplo, não pode escolher o material de modo que todos os departamentos tenham sempre o mesmo número de páginas em cada edição, apesar das pressões dos chefes de departamento para que assim seja. O resultado seria uma revista absolutamente previsível — e enfadonha. O editor moderado deveria ter uma visão de longo prazo, garantindo o equilíbrio durante seis meses ou talvez um ano.

Para evitar o "estrelismo" você pode envolver todo o seu pessoal, até certo ponto, em todos os projetos; e desenvolver uma atitude comunitária dentro do seu departamento, uma atmosfera na qual todos se sentem parte do processo global e usam as palavras *nós* e *nosso* em vez de *eu* e *meu*. Deixe o seu pessoal saber que hoje, quando faz uma escolha, você não está necessariamente rejeitando a outra para sempre.

Esse tipo de moderação é resultado de um difícil e contínuo processo interior. Exige que você se desprenda de todas as suas idéias preconcebidas e esteja pronto para dar o melhor de si em cada situação.

# 10

*... Quando as pessoas vêem algumas coisas como boas,
outras coisas tornam-se más...*

*O Mestre tem, mas não possui,
ele age, mas não espera...*

*(do Capítulo 2)*

S e você rotula tudo, para fins de classificação e controle, está fazendo duas coisas: está restringindo o potencial daquilo que rotulou e, ao mesmo tempo, está exigindo que o oposto exista. Desse modo, uma pessoa não pode ser boa a menos que outra seja má. O mesmo ocorre com o certo e o errado, o vencedor e o perdedor.

Na verdade, o que você estaria fazendo é adotar os filtros das suas idéias preconcebidas. Por exemplo, como administrador, você veria o desempenho através do filtro "o jeito certo de fazer as coisas". Você julgaria o potencial de um gerente júnior através do filtro "como deve se parecer e agir o indivíduo empreendedor e promissor". Você avaliaria o desempenho de um empregado através do filtro "como eu teria feito esse trabalho".

Todos esses filtros têm um propósito ostensivo: distinguir se as coisas estão sendo feitas do modo certo ou do modo errado. Infelizmente para nós mesmos, nossos funcionários e nossos negócios, essas caracterizações específicas não têm qualquer valor e costumam ser destrutivas. Elas mantêm nosso pessoal aprisionado dentro de um padrão inflexível que é obsoleto, irrelevante ou apenas inútil neste momento e neste lugar.

Com freqüência, os tradicionais conceitos empresariais de estrutura organizacional e técnicas de gerenciamento condicionam os administradores a classificar e medir todas as coisas e pessoas pelas quais são responsáveis. Os organogramas alocam nomes a quadradinhos em ordem hierárquica. As descrições de cargos delineiam exatamente o que se espera que cada funcionário faça. Os padrões de desempenho enfocam atividades numa lista de objetivos a ser alcançados dentro de certo período de tempo. As avaliações de desempenho classificam o desempenho individual de acordo com uma escala numérica, a qual irá determinar a porcentagem do aumento salarial. No papel, isso tudo é bastante satisfatório.

Não se pode dizer que todos esses diagramas e sistemas não têm valor; pelo contrário, eles oferecem um meio valioso para compreendermos a estrutura fundamental. Mas a estrutura deveria servir — assim como os acordes no *jazz* — como uma base para a inovação e a improvisação. O presidente de uma bem-sucedida empresa de comunicações usa uma abordagem incomum. De início, ele age como qualquer outro administrador: contrata uma pessoa para realizar um conjunto específico de tarefas; mas, depois, ele encoraja o novo funcionário a ver mais longe, procurando outras tarefas que precisam ser feitas e pelas quais o funcionário sente entusiasmo. Somente mais tarde é que o presidente e o empregado escolhem o título do cargo.

Outro presidente decidiu acrescentar uma posição de treinamento e desenvolvimento na sua equipe em rápido crescimento, mas acreditava que o novo cargo, se fosse limitado ao treinamento e desenvolvimento, logo se tornaria burocrático e ficaria estagnado nos velhos modelos de treinar pessoal. Depois de achar alguém que, pensava ele, havia compreendido o conceito do cargo, os dois juntos procuraram um título. Como nenhum dos títulos costumeiros parecia amplo o suficiente, escolheram "Vice-presidente de Transformações e Descobertas". Apesar de algumas risadinhas dentro e fora da empresa, o cargo tem funcionado muito bem.

Nós nos prendemos aos títulos, no entanto é raro que o título de um cargo descreva exatamente todas as funções desempenhadas pelo funcionário. Os cargos mudam, mas, como os títulos tendem a dizer às pessoas como elas devem definir aquilo que fazem, é comum encontrar funcionários agarrando-se a velhas definições de cargo, quando o clima empresarial exige novas definições. Desse modo, acabamos punindo ou demitindo pessoas por não fazerem aquilo que elas não sabiam que deveriam ter feito.

Problemas imensos surgem quando os executivos, em nome da boa ordem da organização, usam a estrutura para oprimir a criatividade. Eles questionam todas as atividades que não se ajustam às suas idéias preconcebidas. Perguntam: "Por que você está fazendo isso? Isso não está na descrição do seu cargo." O resultado é que as pessoas passam a definir seus cargos de modo muito estreito. A última coisa que você vai querer é um ambiente onde as pessoas evitam fazer coisas inovadoras ou fazer algo que simplesmente precisa ser feito porque "este não é o meu trabalho".

É uma ilusão pensar que somos capazes de controlar as coisas se pudermos classificá-las nas suas categorias corretas. Se você acredita nisso, está enganando a si mesmo. Independentemente do que mostra um organograma, independentemente da autoridade que você tem como administrador para designar tarefas ou alocar recursos, você não controla as pessoas. Ou as pessoas controlam seu próprio comportamento ou este não tem controle. Você não controla a maneira pela qual seus clientes escolhem gastar o dinheiro deles. Você não controla o preço das ações. Ou as taxas de juros. Ou o fornecimento de matérias-primas. Ou a disponibilidade de funcionários talentosos. Preocupar-se com o controle é contraproducente em todas as coisas que os líderes empresariais necessitam realizar.

Para ser um líder sábio, você deve abandonar as idéias preconcebidas. Deve avaliar as pessoas com base nos resultados do trabalho delas — e não conforme você acha que elas deveriam ter feito o trabalho; ou como você o teria feito; ou se o trabalho está de acordo com as normas convencionais; ou, até mesmo, se está de acordo com a descrição do cargo delas.

E você nunca deve avaliar seus empregados de acordo com a "curva em sino" da estatística. A curva em forma de sino é apenas outra maneira de rotular as pessoas e o trabalho que elas realizam. Esse método assume que alguns de seus empregados sempre serão estrelas, outros serão medianos, enquanto a maioria será medíocre.

É claro que você estará cônscio das diferenças que existem entre os trabalhos dos diferentes empregados, mas você deve usar esse conhecimento para garantir que, a cada funcionário, seja designada a tarefa que ele sabe realizar melhor, para o bem de todos.

# 11

*... Aquele que exerce poder sobre os outros
não consegue dar poderes a si mesmo.
Aquele que se agarra ao seu trabalho
não criará nada permanente.*

*Se você quer se harmonizar com o Tao,
apenas faça o seu trabalho, e depois desapegue-se dele.*

(do Capítulo 24)

Os administradores que acreditam que o poder nasce da autoridade correm o risco de perder completamente seu poder. É tão provável os empregados tirarem o poder do administrador quanto o administrador desautorizar seus empregados. Se você é demasiado autoritário, se está sempre dizendo aos seus funcionários o que fazer e como fazer, se fica espiando sobre os ombros deles — em outras palavras, se age mais como supervisor do que como administrador —, você está pedindo problemas.

Um alto executivo, em seu novo emprego, aprendeu isso da maneira mais difícil. No primeiro dia, chamou seus chefes de departamento e lhes disse o que ele achava que deveria ser feito. Não lhes perguntou nada. Os chefes de departamento, é claro, sabiam que aquelas idéias já haviam sido testadas sem êxito mas, como não foram consultados, simplesmente cumpriram as ordens do novo chefe. Um mês depois, retornaram e disseram: "Sentimos muito. Nós tentamos, mas não funcionou." O executivo se sentiu totalmente desautorizado e teve de recomeçar tudo, com uma abordagem diferente.

Mas, perguntaria você, se o poder não vem da autoridade, de que serve a autoridade?

A autoridade é apenas o veículo. É o meio para alcançar o poder, mas não é o poder em si. As pessoas com maior autoridade dentro de uma empresa não são necessariamente as que detêm maior poder. O gerente de um centro de lucros que esteja apresentando grandes lucros e retornos financeiros geralmente tem mais influência junto à alta administração — e talvez até um salário mais alto – do que um vice-presidente sênior do *staff* da companhia. Do ponto de vista da empresa, o objetivo que você deve ter é alcançar resultados, e a empresa lhe confere autoridade para que você alcance tais resultados. Portanto, o poder, que chega até você a partir dos resultados que você alcança, é simplesmente uma parte do retorno do investimento que a empresa fez quando lhe conferiu autoridade.

O líder sábio nunca esquece isto: a autoridade talvez seja agradável para o ego, mas o verdadeiro poder provém dos resultados e os resultados provêm das pessoas.

O fato é que a noção convencional dos empresários sobre "dar poderes" está baseada em duas falsas premissas: (1) que dar poderes significa estender, até os "níveis inferiores" da empresa, as tomadas de decisão e a liberdade de ação; e (2) que você, enquanto executivo, tem poder e está dando parte dele aos seus subordinados.

Mas dar poderes, verdadeiramente, não significa pegar o poder a partir do topo e espalhá-lo por toda a empresa. Ao contrário, significa que você, como administrador, reconhece que seus empregados já têm poder. É o poder das habilidades deles, de seu comprometimento com o cargo e de sua paixão pelo trabalho. Esse não é um poder que você possa dar. O verdadeiro poder é aquele que você reconhece e dignifica ao criar um ambiente onde esse poder consegue se expressar para o bem de todos. Trata-se de um poder *com* o seu pessoal, não *sobre* o seu pessoal. Da mesma forma, o poder que você tem não provém da sua autoridade, mas de suas habilidades, de sua experiência e de seu comprometimento. A verdadeira função de dar poderes é você conciliar o poder dos seus empregados com seu próprio poder, a fim de produzir os melhores resultados para todos.

# 12

*... Você consegue afastar-se de sua própria mente e, assim, compreender todas as coisas?*

*Dar à luz e nutrir,*
*ter sem possuir,*
*agir sem expectativas,*
*liderar sem tentar controlar:*
*esta é a suprema virtude.*

*(do Capítulo 10)*

A noção mais importante que podemos ter sobre o trabalho é a de que não estamos naquele local para cultivar idéias, mas sim para cultivar o espaço que contém as idéias. Espaço, vazio. Esse é o terreno do qual brotam todas as idéias valiosas. Quanto mais receptivo for o espaço, mais possibilidades poderão surgir.

Há apenas uma coisa que faz esse espaço desmoronar: a expectativa. Quando falam com o chefe, as pessoas estão sempre conscientes da hierarquia e, por isso, medem suas palavras e ações, assumindo que estão sendo constantemente julgadas. Isso é o que realmente ocorre na maioria dos casos e a consciência de si ajuda a sufocar as melhores idéias de alguém. Mas, se as pessoas sentem que podem ser elas mesmas, que não estão sendo julgadas segundo as idéias preconcebidas do chefe, então elas se sentem liberadas para dar o melhor de si em seu trabalho. Quando você é capaz de agir dessa forma para estimular pessoas e idéias, estará criando uma atmosfera que gera produtividade e um estado de ânimo elevado.

Afastar-se da própria mente também significa sair do conteúdo e entrar no espaço, afastar-se daquilo que você imagina saber e permitir que as outras opiniões, as outras idéias, as outras pessoas estejam plenamente presentes em sua percepção consciente. Isso permite que você as veja à luz de quem elas realmente são, sem o filtro daquilo que você acha que elas deveriam ser ou gostaria que elas fossem.

A maioria de nós não percebe em que intensidade as nossas expectativas determinam o comportamento da outra pessoa, e muitos de nós não percebem quanto podem ser negativas as nossas expectativas. Muitas empresas visam impedir o erro em vez de encorajar o acerto, mas se você consegue ver o melhor das pessoas e deixá-las saber que você vê o melhor delas, elas manifestarão o melhor de si.

# 13

*... O Mestre nada faz
e, ainda assim, nada deixa por fazer.
O homem comum está sempre fazendo coisas
e, ainda assim, muito é deixado por fazer.*

*O homem gentil faz algo
e, ainda assim, algo fica por fazer.
O homem justo faz algo
e deixa muitas coisas por fazer.
O homem moralista faz algo
e, quando ninguém responde,
arregaça as mangas e usa a força...*

*(do Capítulo 38)*

Na tentativa de se tornarem líderes, os executivos freqüentemente assumem premissas equivocadas ou escolhem modelos equivocados de como deveriam ser a aparência e o comportamento de um líder. Na verdade, eles escolhem uma descrição que desejam aplicar a si mesmos e então cultivam uma falsa personagem que combine com essa descrição. Deixam de ver que uma pessoa ser ela mesma é a mais poderosa personagem que ela pode desempenhar; e assim, em vez de se tornarem pessoas extraordinárias, eles se unem às densas fileiras de executivos comuns que provavelmente nunca se tornarão líderes.

Como diz o Tao Te King, o mundo dos negócios está cheio de "homens comuns": executivos que assumiram que o homem de negócios bem-sucedido é aquele que tenta estar em todos os lugares ao mesmo tempo e nunca desperdiça um minuto sequer. Enquanto dirigem o carro, falam ao telefone celular; no quarto de hotel, estão *on-line* pelo correio eletrônico; nas férias, ficam sempre em contato com o escritório. Quando as coisas se tornam difíceis, eles estão ocupadíssimos. Quando as coisas vão mal, eles estão ocupadíssimos. Quando as coisas vão bem, eles estão ocupadíssimos. Sentem-se lisonjeados quando as pessoas os descrevem como executivos ocupadíssimos e, quando alguém lhes diz: "Detesto ter de incomodá-lo, sendo você tão ocupado, mas...", encaram isso como o elogio máximo.

Há outras versões do homem comum:

Há o "homem gentil", o executivo que tenta tão arduamente ser "um sujeito legal" que parece vaguear sem bússola, deixando seus empregados concluir que não existem padrões reais de desempenho. Ele permite que os funcionários definam suas próprias metas, sem delas participar. Mas, por não ter metas para seus empregados, ele não consegue compreender que manter algumas estruturas cria liberdade e que as diretrizes liberam as pessoas. O "homem gentil" se ilude ao pensar que está liberando as pessoas quando não lhes proporciona uma estrutura; entretanto as está insultando com sua indefinição. É claro que ele não tem menos sede de poder que o homem ocupadíssimo; só que ele acredita que ser apreciado é o mesmo que ser um líder.

O oposto do "homem gentil" é o "homem justo", o executivo que está tão preocupado em tratar a todos com imparcialidade que acaba não tratando ninguém bem. Ele transforma a estrutura numa camisa-de-força, aplicando exatamente as mesmas diretrizes para todos. Não abre exceções para ninguém e se orgulha de tratar a todos da mesma maneira; mas essa política é apenas uma coisa por trás da qual ele se esconde. Ela lhe permite evitar o duro trabalho de gerenciar as pessoas uma de cada vez, em vez de aos grupos, e de responder individualmente às forças e fraquezas delas. Como disse William Blake: "Uma mesma lei para o leão e o boi é opressão."

E todos conhecem o "moralista". Ele acredita num rígido conjunto de regras que tornam certa ou errada cada ação. Já que essas regras são objetivamente verdadeiras, é dever dele arregaçar as mangas e impô-las aos outros, para o próprio bem deles, quer eles concordem ou não com essas crenças. O "moralista" freqüentemente ultrapassa os limites ao legislar o comportamento pessoal dos seus empregados segundo os seus próprios padrões. Pessoas podem ser preteridas numa promoção porque freqüentam uma igreja diferente ou estão tendo um caso com alguém. Ao invés de simplesmente viver segundo seus valores, o "moralista" tenta fazer sua definição de moralidade se aplicar a todo mundo.

O que acontece a uma empresa quando esses "homens comuns" se tornam dominantes na cultura administrativa? Se o "homem gentil" se torna dominante, as pessoas se demitem porque não percebem direção ou propósito. Se assume o "homem justo" ou o "moralista", o sentimento de que os empregados farão a coisa certa se tiverem a oportunidade é substituído pela crença de que é preciso dizer aos empregados o que fazer e como se comportar. Isso leva a elaboradas políticas, procedimentos e regras — e a uma atmosfera de proibições. Aí os empregados, sem autoconfiança para usar seu próprio discernimento, começam a acreditar que é permitido tudo aquilo que não for proibido. Resultado: mais proibições. Resultado final: uma caótica cultura profissional na qual as pessoas abandonam o próprio discernimento do que fazer e do que não fazer, e, em vez disso, constantemente alargam a definição daquilo que é permitido.

A pessoa que se vangloria de ser um líder não o é. O verdadeiro líder não se vangloria de ser um líder. Ele não faz um investimento do ego para ser um líder; apenas o é. Sabe que seu poder provém de seus funcionários, e não da autoridade, de modo que usa sua posição para garantir que eles tenham os recursos e o apoio de que precisam para realizar o próprio trabalho. Assim, as pessoas dão poder ao verdadeiro líder porque sabem que ele o utilizará para beneficiar a todos e não apenas a si mesmo. Esse é o verdadeiro poder.

Da mesma maneira, o líder sábio não faz um investimento do ego ao realizar as coisas. Isso não quer dizer que, no emprego, ele fique inativo. Pelo contrário, ele vê claramente o que precisa ser feito e então aplica sua inteligência e talento tão eficazmente que até parece que as coisas simplesmente se fazem por intermédio dele. Em nenhum momento, o líder sábio alardeia a importância daquilo que está fazendo. São essas atitudes que fazem dele um homem de negócios realmente extraordinário.

# 14

*O grande Caminho é fácil
e, ainda assim, as pessoas preferem os caminhos secundários.
Esteja atento quando as coisas saírem de equilíbrio.
Mantenha-se centrado no Tao...*

*(do Capítulo 53)*

O líder sábio percebe que uma empresa existe dentro de um complexo ecossistema educacional, social, econômico e governamental; portanto, ela não é responsável apenas diante de seus acionistas, mas também diante dos empregados, clientes, fornecedores e da comunidade como um todo. Ainda que pareça antiquado e óbvio, hoje em dia poucos líderes empresariais de alto escalão praticam esse tipo de equilíbrio. Muitos e muitos deles preferem os caminhos secundários dos lucros a curto prazo e do crescimento a curto prazo, naquilo que tem sido limitadamente definido como "valor para o acionista". Isso tem criado uma crise de confiança, porque dois dos mais populares atalhos para se obter lucros são também os mais destrutivos. Um deles é o corte de pessoal e o outro, a terceirização.

O corte de pessoal já levou milhões de trabalhadores a desconfiar de seus empregadores e a viver numa constante ansiedade a respeito de seus empregos, porque eles não sabem quem será o próximo a ser demitido. Além disso, a pressa em cortar pessoal freqüentemente corta pesquisa e desenvolvimento e a capacidade de inovação. O pessoal que permanece fica tão sobrecarregado que nem lhe sobra tempo para pensar. Sua criatividade se esgota e eles caem em estafa. Qualquer preocupação com o bem-estar dos funcionários se perde no ímpeto por mais produtividade.

Acompanhando o corte de pessoal está a terceirização, a contratação de firmas externas para prestar serviços ou fornecer produtos antes produzidos dentro da própria empresa. Talvez haja vantagens a curto prazo para o seu orçamento, mas você também pode ficar certo de que sua empresa terá de compartilhar quaisquer inovações ou ganhos de eficiência com os outros clientes da firma fornecedora; isso quer dizer que agora não há qualquer vantagem competitiva conquistada por um novo produto ou processo, porque este não foi desenvolvido por sua empresa e sim para sua empresa. Quanto mais os produtos ou serviços de uma empresa se parecerem com os produtos ou serviços das outras empresas, tanto mais as coisas se tornam mercadorias. Isso já está acontecendo e inevitavelmente debilitará o conceito "marca" e fará todo mundo competir apenas no quesito "preço". O caos, sem dúvida.

Apesar desses riscos e problemas, os analistas do mercado acionário — que estão num dos mais notórios caminhos secundários do mundo dos negócios — concluem que, como resultado da dispensa de empregados e do esperado crescimento da produtividade, a empresa vai prosperar. Sua análise torna-se, então, a base para empurrar para cima o preço das ações (a definição reducionista de "valor para o acionista").

É claro que aquelas análises são mera especulação, mas, cada vez com mais freqüência, provocam um aumento no preço das ações, o qual resulta então num lucro extravagante na opção de compra de ações exatamente para aqueles executivos que decidiram cortar custos cortando a mão-de-obra.

Não há como negar que, quando uma empresa se tornou deficitária e sua sobrevivência depende do corte de custos, a dispensa de empregados é necessária. Isso as pessoas são capazes de compreender. Mas quando uma empresa está tendo bons lucros e bons retornos financeiros e então demite funcionários como se eles fossem uma mercadoria substituível, ao mesmo tempo que recompensa seus executivos com boas opções de compra de ações, isso quer dizer que seu sistema de recompensas não está funcionando de modo adequado. Isso tem um impacto penetrante e desmoralizador em todos os funcionários de todos os níveis. As pessoas se sentem roubadas e, na verdade, foram roubadas — de sua boa vontade, de seu sentimento de ligação com a empresa, dos anos que dedicaram ao emprego. Isso conduz a uma perda e não a um ganho de produtividade, o que então leva à necessidade de mais cortes de custos. Nessa situação caótica, o único caminho é para baixo.

Chegará, inevitavelmente, um momento em que a empresa precisará novamente da energia e comprometimento de seus funcionários; um momento em que a empresa perceberá a verdade daquilo que os executivos sempre disseram, mas no qual nunca realmente acreditaram: as pessoas são os seus maiores ativos. Quando esse momento chegar, a empresa que fez o jogo do corte de custos pela dispensa de empregados vai passar momentos difíceis tentando recuperar a confiança e o comprometimento necessários para restaurar a produtividade e o crescimento.

# 15

*A verdadeira perfeição parece imperfeita
e, ainda assim, é perfeitamente ela mesma...*

*(do Capítulo 45)*

Quando você concebe um ideal para os seus funcionários, nada irá jamais estar à altura dele. Comparando a realidade ao ideal, você pode ter certeza do fracasso.

Quando o grande despertar para a qualidade tomou conta das companhias norte-americanas há anos, muitas delas desenvolveram programas que incorporavam o conceito de "aperfeiçoamento contínuo". Esse método pretendia capacitar as pessoas fornecendo-lhes informações que as ajudariam a fazer melhoramentos em seu trabalho. Foi um desenvolvimento muito bem-sucedido naquelas empresas cujos administradores perceberam que a chave não está nas mensurações, mas no comprometimento dos funcionários com a melhora contínua de seus trabalhos. Não foi tão bem-sucedido naquelas empresas que escolheram conduzir seus funcionários por meio de rigorosa supervisão. Essas empresas submetiam seus empregados a um aperfeiçoamento constante apenas como mais um meio tecnocrático de assegurar obediência aos padrões de produtividade.

Há um número imenso de chefes para os quais o bom trabalho de seus funcionários nunca é suficientemente bom. Eles assumem que cada empregado e cada trabalho podem ser melhorados. "Ninguém é perfeito", eles gostam de dizer, como se a perfeição fosse o objetivo. O líder sábio, por outro lado, sustenta a hipótese mais paradoxal de que cada pessoa e cada trabalho são perfeitos — embora ainda haja muito campo para aperfeiçoamento.

Julgar os funcionários segundo padrões ideais que existem apenas na mente condena-os à mediocridade e priva-os da oportunidade de ser excelentes. Por isso, estabeleça individualmente as metas e padrões de desempenho, com a plena participação de cada um deles. Os padrões de desempenho deveriam ser um acordo moral, uma aliança, entre você e o seu funcionário. Pessoas que estabelecem seus próprios padrões desejarão alcançar mais a cada ano; ao passo que se você, como chefe, estabelece os padrões, não deixa a elas qualquer razão para quererem melhorar; elas simplesmente esperarão que você estabeleça as metas do ano seguinte.

O líder sábio reconhece que a aceitação é mais importante do que comparações inúteis e que, ao aceitar o trabalho dos funcionários e sair do caminho, estará orientando-os para um desempenho ainda melhor.

# 16

*Os antigos Mestres
não tentavam educar o povo,
mas gentilmente lhes ensinavam a não-saber.*

*Quando acham que sabem as respostas,
as pessoas são difíceis de serem orientadas.
Quando sabem que não sabem,
as pessoas conseguem encontrar seu próprio caminho...*

*(do Capítulo 65)*

A dádiva mais preciosa que você pode dar a um promissor executivo é estimulá-lo a adotar aquela atitude que o Zen chama de "mente do não-saber". Ela também é chamada de "mente do iniciante". É a mente que não está limitada por quaisquer idéias; a mente que está aberta a todas as possibilidades. Isso é difícil de compreender e difícil de pôr em prática; no entanto, é o espaço mais criativo do mundo. Todos os grandes feitos da ciência e das artes vieram do abandono das idéias preconcebidas. Dessa mente tudo surgiu: desde a teoria da gravidade de Newton até a teoria da relatividade de Einstein, da música de Bach à de Stravinsky, da poesia de Safo à de Emily Dickinson, das esculturas de Praxíteles aos óleos de Cézanne.

Não há dúvida de que você, como administrador, se tornará até certo ponto o mentor de novos administradores e líderes. Não fique confuso com a idéia de "não-saber". Resista à tentação de querer ensinar a essas promissoras pessoas o modo de fazer todas aquelas coisas que você aprendeu a fazer ao longo dos anos. Lembre-se que as pessoas de quem você é o mentor são promissoras porque provaram ser muito boas fazendo aquilo que fazem. Elas não precisam de mais informações técnicas nem precisam saber como você costumava fazer as coisas.

Se você lhes disser como fazer as coisas, elas tentarão fazê-las desse modo, porque você é um superior hierárquico delas dentro da organização. Se você for o chefe imediato, elas definitivamente tentarão o método que você indicou. Mas há dois problemas com o seu método: (1) Ele pode estar errado para este momento e este lugar; e (2) Isso privará você e sua empresa da criatividade e das novas idéias dessas pessoas.

O que elas precisam é a certeza de que as perguntas são mais importantes do que as respostas e de que todas as respostas que hoje existem são respostas a velhas perguntas. Essas respostas talvez não funcionem para as perguntas de amanhã; circunstâncias mutáveis ditarão diferentes perguntas e diferentes respostas. As pessoas precisam que você as oriente a encontrar as próprias respostas, independentemente das mudanças que possam surgir ao longo da carreira delas. Portanto, sua ênfase não deve estar no "que fazer", mas sim no "como ser".

É essencial perceber que o Tao Te King não está louvando a ignorância. O Capítulo 1 do Tao Te King refere-se à escuridão como "o portal para toda a compreensão". Isso quer dizer que o líder sábio vê além das tradicionais definições de luz (significando o bem) e escuridão (significando o mal). Ele sabe que as pessoas criativas, em qualquer campo de trabalho, sempre reconheceram e respeitaram a escuridão, não como algo negativo, mas como parte integrante do seu processo criativo.

Isso é mais prático do que pode parecer à primeira vista. Você certamente já terá dito: "Eu vou deixar este problema para amanhã" —

não querendo dizer que planeja procrastinar, mas sim que, em vez de forçar uma solução, vai parar de pensar no problema e deixar sua mente inconsciente lidar com ele. Freqüentemente a solução aparecerá por si mesma, como num passe de mágica.

Para entender a "mente do não-saber", reflita na sua própria carreira. Você sabe que algumas das suas mais profundas descobertas ou soluções criativas não resultaram de análise, mas simplesmente chegaram até você, às vezes quando nem estava pensando neles. Todo administrador experiente é capaz de recordar aquela vez em que as respostas só surgiram depois que parou de pensar no problema, ou mesmo depois que já tinha desistido.

Há um ditado, muito popular nos anos 70 e 80, que diz: "Mantenha o seu olhar nas coisas que você não pode ver." É citado com freqüência, mas provavelmente nem sempre é compreendido. Vamos colocá-lo agora na forma de um *koan* zen, um enigma que não pode ser solucionado pela mente racional: "Como conhecerei o que não posso ver?" Resposta: "Você o conhecerá quando não puder vê-lo."

Acaso alguém pode ver como a venda de um produto é feita? Você pode analisar e criticar as informações, os dados, as visitas dos vendedores, a apresentação, o acompanhamento, as amostras e assim por diante, mas todo experiente gerente de vendas sabe que nada disso faz a venda. Uma pessoa a faz. Um representante de vendas faz uma visita ao cliente, apresenta a oferta e o comprador diz não; outro representante de vendas faz uma visita ao mesmo cliente, apresenta a mesma oferta e o comprador diz sim. Por quê? Ninguém sabe. O fato é que tudo o que podemos fazer é uma lista das coisas técnicas mais prováveis de funcionar, e então dependemos daquilo que chamamos de "química". O mistério de uma venda bem-sucedida é uma dessas coisas que sabemos que existem, mas não podemos ver.

O líder sábio percebe que os mistérios não podem ser explicados, mas podem ser utilizados. Por meio do seu exemplo, ele ensina aqueles que o cercam a viver no amplo espaço que provém do não-saber.

# 17

*Todos os rios correm para o mar
porque o mar é mais baixo do que eles.
A humildade dá ao mar o seu poder.*

*Se você quer governar as pessoas,
deve colocar-se abaixo delas.
Se você quer liderar as pessoas,
deve aprender a segui-las...*

*(do Capítulo 66)*

Este é um dos mais profundos capítulos do Tao Te King sobre a liderança. Nele, você é convidado a abandonar dois outros dualismos que sempre estiveram no cerne do pensamento empresarial tradicional: "liderar ou seguir" e "acima ou abaixo".

A maior parte da mitologia empresarial popular evoluiu em torno da imagem do líder forte, sozinho na frente, liderando a empresa nas grandes batalhas do mercado. O comercial de TV da Chrysler, *"Lead... or get out of the way"* ["Lidere... ou saia do caminho"], brincou com essas imagens, mostrando o próprio presidente da Chrysler — e quem mais poderia ser? — comandando o ataque.

Fomos condicionados, por muitas imagens poderosas, a pensar no líder como sendo sempre carismático, a síntese daquilo que todos querem ser, aquele que sabe como tudo deve ser feito. Imaginamos o líder como um híbrido da figura de Deus e de um general dominador. Quer nossa imagem de líder seja a de Eisenhower ou Patton, Roosevelt, Churchill ou Kennedy, ela é sempre a de alguém que é um comandante reverenciado ou temido — mas sempre respeitado.

Portanto, parece heresia o texto do Tao Te King sugerir que, para se tornar um líder sábio, você deve virar de ponta-cabeça a noção de "liderar ou seguir", ficando "atrás e junto" em vez de sozinho na frente. Mas aqui está a realidade: você não consegue liderar as pessoas a menos que elas estejam dispostas a segui-lo. Para fazer isso, você precisa inspirá-las a confiar a você o bem-estar delas, e, nos negócios, o bem-estar de seus empregados está a seus cuidados durante a maior parte das horas de vigília deles. As pessoas confiarão em você se você puder trazer à tona o senso de valor e a criatividade delas; e a única maneira de fazê-lo é realmente conhecê-las e conhecer suas habilidades.

Assim, no começo de sua carreira na liderança, e periodicamente ao longo dela, você precisa estar disposto a seguir seus funcionários, de modo que aprenda o que fazer para inspirá-los a seguir você. Coloque-se abaixo das pessoas, de tal forma que permita que você se familiarize com os talentos e pontos fortes delas, suas necessidades e fraquezas. Isso requer mais do que um olhar às fichas pessoais ou uma avaliação anual; requer que você esteja em contato com elas no dia-a-dia, trabalhando ativamente para proporcionar os recursos de que elas necessitam, seja dinheiro, equipamentos ou auxílio para estabelecer prioridades e tomar decisões.

Estar "atrás e junto" é uma maneira de perceber as coisas com mais clareza; não confunda isso com aquele estratagema superficial de "dar uma voltinha" pela empresa. Dá para imaginar a reação de um novo funcionário que levanta os olhos e vê o chefão enfiar a cabeça pela porta do seu escritório e dizer: "Como é que estão indo as coisas por aqui hoje?" Havia um presidente de empresa que chegou ao ponto de mandar sua secretária agendar uma hora, três vezes por semana, para ele "dar uma voltinha". Os funcionários ficavam apavorados.

E não pense que você pode tornar-se apenas mais um funcionário como outro qualquer. Todo mundo sempre sabe quem é o chefe; disso você não consegue fugir. Não se trata da sua visibilidade enquanto chefe. Trata-se do modo pelo qual você responde ao fato de ser o chefe. Sua aparência é a do indivíduo que carrega a coroa e o cetro, ou você assume o papel — nas palavras do falecido Robert Greenleaf — do "líder servidor"? Ser um facilitador exige tanta coragem quanto ser um comandante. Mas, mesmo no processo de dar poder pessoal aos seus funcionários ou de ser um recurso, um "servidor", você não pode abdicar a responsabilidade da liderança. Você pode delegar autoridade, para que seu pessoal aja por si mesmo, mas não pode delegar a responsabilidade pelos resultados dessa ação.

Quando você obtém sucesso na disciplina de estar "atrás e junto" e aprende a ver o local de trabalho da maneira que seus empregados o vêem, você ganha uma perspectiva que ilumina sua visão do departamento ou da empresa. Muitas vezes, o panorama de uma organização é perigosamente distorcido, porque ele é visto só a partir dos escritórios executivos e não recebe as informações provenientes dos empregados mais próximos do produto, do processo ou dos consumidores.

Devido à sua perspectiva mais elevada e ao modo pelo qual você foi capaz de adquiri-la — estando atrás, junto ao pessoal, em vez de sozinho na frente —, o efeito da sua liderança será o de que ninguém se sente oprimido. Pelo contrário, seus empregados perceberão que você realmente compreende aquilo que precisa ser feito e como cada um deles pode contribuir.

Um exemplo admirável ilustra esse ponto: há alguns anos, um alto executivo de uma fábrica que estava para ser fechada e vendida organizou seus empregados no sentido de se unirem a ele para comprar o negócio. A fábrica estava numa situação terrível. Equipamentos obsoletos, mercado desaquecido, e nada mais além de perdas. Mas aquele executivo e os empregados hipotecaram suas casas, levantaram todos os empréstimos possíveis e compraram o lugar. Eles a reconstruíram e, em poucos anos, a fábrica tornou-se rentável e começou a se expandir. Desde o início da nova empresa, o executivo — agora presidente —

decidiu que manteria uma operação totalmente aberta, compartilhando mensalmente todas as informações financeiras, mesmo com aqueles empregados que não eram sócios, tornando-se plenamente acessível a todos e mantendo todos informados sobre a situação do negócio. "Quanto mais eu converso com os empregados e quanto mais eles conversam comigo", explicou, "melhor será nosso trabalho. Além disso, eu não queria ser um daqueles caras que lideram o ataque montanha acima e, quando olham para trás, não há ninguém os seguindo."

Além da coragem necessária para ir contra o mito convencional da liderança, você precisa ter a humildade de ver-se como alguém capaz de seguir seus empregados. E, provavelmente, a humildade não é uma das características que você cultivou a fim de alcançar a posição que hoje ocupa. A humildade certamente não consta no currículo de nenhuma escola de administração.

Porém, quando atinge certo ponto – o ponto no qual você começa a passar da gerência para a liderança –, é a renúncia à necessidade do ego de exercer autoridade e controle em favor da humildade e do servir, que vai libertar você do velho jogo do líder heróico e competitivo, e lhe permitir ser eficaz estando plenamente disponível a todos, acima e abaixo, liderando e seguindo.

# 18

> *Quando o Mestre governa, o povo*
> *mal percebe que ele existe...*
>
> *O Mestre não fala, age.*
> *Quando ele termina o trabalho,*
> *o povo diz, "É incrível:*
> *fomos nós que fizemos, e completamente sozinhos!"*
>
> (do Capítulo 17)

O cargo máximo na maioria das empresas de capital aberto se tornou um "jogo de celebridades" no qual o presidente passa mais tempo com analistas financeiros do que com seus funcionários ou clientes. Ele é uma figura pela qual os empregados mantêm um temor respeitoso; estes não só percebem que ele existe, como é *bom mesmo* que percebam.

Este capítulo é um dos mais conhecidos e citados do Tao Te King, embora sua mensagem fundamental sobre a liderança invisível seja a antítese do modo de agir dos líderes empresariais de hoje.

O líder sábio percebe que, quanto menos sua presença for sentida, mais liberdade as pessoas terão e mais elas se envolverão no próprio trabalho.

A idéia do líder invisível tem uma aplicação muito especial no trabalho das equipes auto-administradas de hoje, nas quais a liderança se manifesta de acordo com o tipo de projeto em mãos. É importante que os membros da equipe, no final do projeto, estejam menos conscientes da pessoa do líder do que dos esforços combinados do grupo. Para que isso aconteça, os líderes máximos de uma empresa devem criar o ambiente correto; eles próprios deveriam modelar esse ambiente. Isso significa virar de ponta-cabeça o organograma da empresa e eles passarem a se considerar membros da equipe maior. Eles devem ver a si mesmos como recursos – e não como chefes – das pessoas.

O conceito de libertar as pessoas de sua presença significa você investir no treinamento delas, a fim de que as habilidades adquiridas lhes dêem confiança para aceitar maiores responsabilidades. E também significa que, por não estar interferindo, você precisa confiar plenamente no ambiente de trabalho.

Paradoxalmente, a melhor maneira de alcançar a invisibilidade é estar sempre disponível, como um recurso. Quando um funcionário apresenta suas idéias em defesa de um novo projeto, não diga: "Quero relatórios sobre este projeto toda segunda-feira." Em vez disso, pergunte: "Como posso ajudá-lo?" Quando um funcionário admite que cometeu um erro, não pergunte: "E agora, o que é que você vai fazer a respeito?" Em vez disso, pergunte: "Como posso ajudá-lo?" Se sua primeira pergunta é "Como posso ajudar?", você está abrindo infinitas possibilidades.

E tente utilizar estas cinco perguntas úteis em situações de planejamento, aconselhamento ou mesmo conflito:

- O que você acha que devemos fazer?
- Se você estivesse no meu lugar, o que você faria agora?
- Se eu pudesse dizer exatamente o que você gostaria de ouvir, o que eu diria?

- O que você realmente quer que eu faça?
- Se você pudesse projetar o melhor resultado possível, o resultado que você mais gostaria de ver, qual seria ele?

Se você é capaz de aceitar o papel de líder sem precisar estar sob os holofotes; se você consegue confiar nos funcionários e serenamente garantir que eles tenham os recursos para fazer o próprio trabalho; se você mesmo pode tornar-se um recurso; então, quando seu trabalho estiver terminado, seus empregados dirão — com um maravilhamento e um entusiasmo que irão carregar pelo resto da vida — "É incrível! Fomos nós que fizemos! E completamente sozinhos!"

# Parte 2

# Renúncia ao Controle

# 19

*...O Mestre faz seu trabalho
e depois pára.
Ele compreende que o Universo
está permanentemente fora do nosso controle,
e que tentar dominar os acontecimentos
vai contra a corrente do Tao...*

(do Capítulo 30)

A mais falsa pressuposição adotada pelos homens e mulheres de negócios é a de que eles precisam estar no controle. O controle é uma ilusão, e a busca do controle cria incontáveis danos no local de trabalho.

De onde vem essa compulsão pelo controle? Em termos organizacionais, é claro, ela provém do velho modelo administrativo comandar-e-controlar, que começou na igreja e se difundiu entre as forças armadas. Mas isso explica apenas a estrutura que sustenta o desejo de controlar. O fundamento real é o medo de que alguma coisa dê errado e você leve a culpa e perca tudo, só porque não estava no controle.

Os administradores mais frustrados do mundo são aqueles que passam a vida tentando obter o controle. Mas a maioria deles acharia difícil explicar o que está tentando controlar. Os administradores parecem acreditar que se as coisas são feitas da forma que eles querem que elas sejam feitas, isso é controle. Ou que, se as pessoas se comportam no trabalho da maneira que eles querem que elas se comportem, isso é controle. Assim, muitos administradores desperdiçam um bocado de tempo planejando processos e comportamentos, e ficam frustrados quando os resultados desejados não são atingidos.

Você pode criar elaborados sistemas de fluxo de trabalho para que tudo passe por sua mesa; você pode revisar cada plano e cada item do orçamento; você pode querer aprovar cada proposta de viagem e investigar minuciosamente cada relatório de despesas; você pode sair de férias levando o telefone celular e o computador, para que o escritório continue o tempo todo ao alcance de sua mão; você pode fazer pessoalmente cada contratação e cada designação de tarefa; e você pode transformar-se numa "câmara de compensação" para cada informação que entre nas suas operações ou que saia delas. Mas, ainda assim, você não estará no controle; sempre acontecerá alguma coisa que você não previu.

Há milhares de coisas incontroláveis – desde a situação econômica até o clima – que podem afetar, positiva ou negativamente, os resultados dos seus negócios. Você responderia: "Essa é mais uma razão para que eu tente controlar aquilo que posso controlar." Mas, se não consegue controlar o resultado, o que faz você pensar que pode controlar o processo?

O presidente de uma grande cadeia de lojas de departamentos diz a seus gerentes: "Se vocês controlam todo mundo, conseguem controlar apenas umas poucas pessoas – mas, influenciar, vocês podem influenciar um número infinito." Outro presidente costumava dizer: "Nós não podemos controlar o lucro, então nem falemos disso. Lucrar é como respirar. Vamos falar daquilo que precisamos para manter o corpo saudável e vigoroso. Se fizermos isso, continuaremos a respirar naturalmente."

No local de trabalho, o comportamento e o desempenho são influenciados pela remuneração, pelo ambiente físico e pela capacidade que você tem de motivar as pessoas por meio das palavras e exemplos que oferece. É isso que faz do gerenciamento uma arte e não uma ciência. Se fosse realmente possível controlar processos e pessoas, não haveria necessidade de gerentes; os computadores poderiam fazer esse trabalho.

Você dá o primeiro grande passo em direção à maturidade administrativa quando percebe que não está no controle; que, na verdade, o mundo está fora do nosso controle. Pergunte a si mesmo: "O que controla o mercado de ações ou o mercado de bens de consumo? O que controla a economia? O que controla a confiança do consumidor?" Nada de que você possa ter certeza. Por exemplo, o presidente do Banco Central reclama de uma "exuberância irracional" no mercado de ações, e o mercado desaba. Mas, alguma coisa mudou no desempenho das empresas naquele dia? Havia algo que os presidentes daquelas empresas pudessem fazer a respeito? Claro que não. O mercado não está sob controle, e nem pode estar. De outro modo, por que os economistas ficariam tão chocados e por que o mercado de ações oscilaria tão violentamente quando o índice de emprego ou o índice de preços ao consumidor foge das expectativas dos especialistas?

Portanto, não se iluda quanto à sua capacidade de dominar os acontecimentos e as circunstâncias. Por outro lado, é justo perguntar: "Se eu apenas respondo à 'corrente do Tao', às condições tais como elas são, isso não significaria que eu sou um indivíduo sem personalidade?"

Boa pergunta, mas seja cuidadoso ao definir "sem personalidade". Ao contrário da ética da obstinação machista, mudar de idéia não é um sinal de fraqueza. O mundo está constantemente mudando, e seu pessoal está constantemente mudando. Um alto executivo disse que, num dado momento, 20% do seu pessoal está deprimido ou distraído; está com problemas de saúde; está começando um namoro ou se casando ou se divorciando; está tendo um bebê; ou apenas está fora de foco naquele dia. Você precisa reconhecer as mudanças, positivas e negativas, que afetam o local de trabalho e responder a elas da maneira mais hábil que lhe for possível.

O necessário hoje é você ter agilidade e responder ao que o mercado exige, ao mesmo tempo que possui valores vigorosos que mantêm unidas a cultura e a harmonia do local de trabalho. E esteja pronto para amanhã, se necessário, mudar de idéia quanto a estratégias, planos ou agendas específicas. É isso que a corrente do Tao pede.

# 20

*Encha a tigela até a borda
e ela vai derramar.
Fique sempre afiando a faca
e ela vai cegar...*

*Faça seu trabalho e então se recolha.
O único caminho para a serenidade.*

*(do Capítulo 9)*

Na luta por contínuo aperfeiçoamento e maior produtividade, você pode pressionar tanto por "mais, maior, mais rápido" que acaba restringindo seus funcionários e atrapalhando os resultados que você mais deseja. Você também restringe a si mesmo e atrapalha seu próprio crescimento.

Em nossa busca por uma perfeita programação, nós nos tornamos obsessivos ao invés de produtivos. Utilizamos todas as maravilhosas ferramentas da tecnologia – *laptops*, telefones celulares, *beepers* e secretárias eletrônicas – mas elas, em vez de poupar nosso tempo, nos seduzem a consumi-lo mais. Essa compulsão para produzir mais em menos tempo tornou-se epidêmica no mundo dos negócios, e você sempre ouve a argumentação de que estamos aproveitando melhor nosso tempo graças a essas ferramentas eletrônicas. Será verdade? Talvez estejamos apenas intrigados com as ferramentas e por isso inventamos mais maneiras de usá-las. Talvez elas tenham se transformado, passando de ferramentas a símbolos da nossa arrogância: "Se eu não estiver informado de tudo, o mundo vai desmoronar."

Estar sempre ocupado pode ser uma forma de preguiça. Com tantas empresas enfatizando o popular mantra "Nós temos tendência para a ação", os homens de negócios começam a sentir que o sucesso depende de estar fazendo alguma coisa o tempo todo. Por isso, eles se mantêm ocupados. Mas, agindo desse modo, com freqüência eles usam o excesso de ocupação como substituto do pensamento criativo ou se escondem por trás da desculpa de estarem ocupados. Em outras palavras, eles estão tão envolvidos com a imagem do executivo atarefado que, no fim, não fazem coisa alguma. Você certamente conhece algum executivo que vive correndo de um lugar para outro, com uma xícara de café na mão e uma pasta debaixo do braço, parando de vez em quando para respirar fundo ao lado da mesa de seu assistente, balançando a cabeça em sinal de frustração, saindo a passos largos e com determinação para a próxima e importante reunião. Quantas vezes você já não ouviu (ou disse): "Não tenho tempo nem para pensar naquele problema, por causa de todas essas reuniões, telefonemas e correspondências." Ou: "Pensamento estratégico? Que inferno, não tenho tempo nem para apagar os incêndios de hoje... quanto mais os incêndios de daqui a três anos!"

Será que a qualidade do nosso trabalho melhorou? Será que a qualidade da nossa vida melhorou? Quando você vive de acordo com a mentalidade "sempre dá para encaixar mais um" — encaixar mais um telefonema quando está no carro, encaixar mais um memorando no *laptop* antes que o avião aterrisse, encaixar mais uma reunião quando já era hora de estar no trânsito a caminho de casa —, você está roubando de si mesmo o tempo para refletir sobre seu trabalho e sua vida. Está sacrificando um tempo particular que deveria ser usado para relaxar, se divertir, desfrutar a liberdade de não ter nada para fazer. Um símbolo dramático dessa perversão ocorreu num Festival de Cinema de Cannes quando, antes da projeção de cada filme, anúncios pediam à platéia para desligar seus *beepers* e telefones celulares.

"Mais" não necessariamente quer dizer "melhor". Muitas vezes, mais pode ser pior. O líder sábio percebe quando é hora de avançar rapidamente e quando é hora de se recolher. É isso que faz dele uma fonte de energia e sanidade para todos os que estão à sua volta.

# 21

*Se você quer ser um grande líder,*
*deve aprender a seguir o Tao.*
*Pare de tentar controlar.*
*Abandone os planos e conceitos fixos,*
*e o mundo governará a si mesmo.*

*Quanto mais proibições você impuser,*
*menos virtuosas serão as pessoas...*

(do Capítulo 57)

Quanto mais regras você cria, menos pessoas farão as coisas por si mesmas e mais esforços elas farão para se esquivar das regras que você criou. A maioria das empresas opera segundo o princípio de que seus empregados, se tiverem a mínima chance, cometerão algum erro. Uma cultura de proibições resulta de duas falhas comuns de gerenciamento: a compulsão de controlar e o desejo de administrar as pessoas em grupo, ao invés de individualmente. O típico é: se um empregado está fazendo algo que é contraproducente, o gerente evitará o confronto direto com esse empregado e, em vez disso, enviará um memorando ou criará uma norma proibindo todos de fazer aquilo que só aquele empregado estava fazendo.

A maioria das pessoas fará a coisa certa quando lhe for permitido usar seu próprio discernimento. E, na maior parte do tempo, um apelo ao bom senso será suficiente. Numa empresa de vendas e *marketing*, tornou-se claro que um padrão de excessivo comparecimento a feiras comerciais tinha se instalado ao longo dos anos. Um número muito grande de pessoas da empresa estava gastando tempo demais e dinheiro demais na cobertura de feiras comerciais. A lista de comparecimento crescera à medida que a empresa prosperava e mais contratações eram feitas. Ninguém nunca questionara esse número.

Como solução, o vice-presidente de vendas poderia ter dito aos seus chefes de departamento: "Olha, gente, temos mais de cinqüenta pessoas comparecendo a tais e tais feiras, com um custo de quase US$ 100 mil, duas vezes por ano. Imaginem uma maneira de reduzir essa quantia, mas continuando a manter uma cobertura de todas as feiras." É isso. A coisa teria sido resolvida com bom senso e bom planejamento.

Em vez disso, aquele vice-presidente elaborou uma fórmula complicada para determinar quem deveria comparecer às feiras e quando. E mais, exigiu relatórios de viagens e de visitas e uma descrição das atividades dia a dia. O resultado foi uma trabalheira terrível para o pessoal de vendas e, para a equipe do vice-presidente, o trabalho de revisar e arquivar aquela papelada. Isso tirou toda a flexibilidade do processo de seleção, que, a princípio, deveria estimular o empregado a mostrar sua criatividade para se qualificar a comparecer às feiras.

Uma empresa deveria afirmar claramente que vai operar dentro da letra e do espírito da lei, e segundo os mais elevados padrões morais. Nada mais precisa ser dito. As regras deveriam limitar-se a três categorias: (1) o que a lei exige e quais procedimentos a empresa instituiu a fim de cumprir a lei; (2) as políticas que orientam o pessoal nas técnicas ou procedimentos sobre fluxo de trabalho e eficiência, questões operacionais e contábeis, compras, orçamentos, aprovações e assim por diante (algumas das quais estão ligadas a normas legais); (3) políticas e diretrizes de contratação de pessoal, avaliações e salários (algumas das quais também estão ligadas a normas legais) – e, é claro, deveria haver manuais e outros materiais explícitos, para uso dos empregados, explicando os benefícios.

Não são as políticas listadas acima que causam os problemas; o que causa os problemas são as políticas *ad hoc*, aquelas criadas para os fins específicos de cada departamento. Talvez um executivo diga: "Acho que há gente demais navegando na Internet em vez de fazer seu trabalho. Vamos criar uma política contra isso." Essa frase assume que o empregado, se está fazendo algo que não foi especificado na descrição de seu cargo, não está trabalhando. No passado, um dos alvos favoritos eram as sessões de bate-papo ao lado do bebedouro. E alguns executivos ainda controlam mentalmente o horário de almoço dos seus funcionários.

Mas qual é a maneira apropriada de avaliar o trabalho? Pelos resultados ou pelas aparências? Quem disse que navegar na Internet não é um modo produtivo de obter boas idéias? Quem disse que se distrair um instante com jogos de computador não é melhor para relaxar do que a tradicional pausa para o cafezinho? Quem realmente conhece a fonte de criatividade das pessoas? Se você se concentra nas aparências e não nos resultados, está criando um ambiente onde as pessoas investem sua energia nas aparências e não nos resultados. Se seus empregados estão alcançando bons resultados e se comportando com respeito mútuo, qual a importância de que não o estejam fazendo de acordo com as regras?

Quanto mais você tenta dizer às pessoas exatamente como elas devem fazer o próprio trabalho, menos elas aplicarão sua criatividade no trabalho. Quanto mais você tenta controlar, menos influência terá. O líder sábio percebe que nada de bom pode ser arrancado das pessoas; o bom só pode ser descoberto nelas. Abandonando a necessidade de controle, o líder sábio e seus empregados se libertam da tirania da expectativa, e o local de trabalho torna-se um centro de criatividade, compromisso, paixão e atividade produtiva.

## 22

*Governar um grande país
é como fritar um peixe pequeno.
Você o estraga se virá-lo muitas vezes.*

*Centralize seu país no Tao
e o mal não terá poder.
Não que o mal deixe de existir,
mas você será capaz de sair do caminho dele.*

*Não dê ao mal algo a que ele possa se opor
e ele desaparecerá por si mesmo.*

*(Capítulo 60)*

Quando um gerente fica vigiando seus empregados, eles começam a se sentir reprimidos. Não importa quão bem eles façam seu trabalho, sabem que serão criticados e, desse modo, não dão o melhor de si. Repressão provoca ressentimento, e é provável que não haja nada que estrague tanto o ambiente de trabalho. Esses poderosos sentimentos levam as pessoas a cometer erros, ou porque elas se convenceram de que têm o direito de fazer o possível para se sentirem menos reprimidas ou para sentir que conseguiram alguma espécie de represália.

As pessoas têm capacidade de fazer um bom trabalho, e a maioria delas quer ser honesta e produtiva — mas elas também têm a capacidade de justificar ações desonestas e contraproducentes. Isso pode tomar a forma relativamente benigna de furtar material de escritório, mas também assumir formas bem mais destrutivas. Os empregados são espertos tanto para não fazer as coisas como para fazer as coisas, e a maioria dos executivos teria muita dificuldade para determinar rapidamente quando um projeto foi prejudicado por negligência ou quando a produção foi deliberadamente desacelerada.

A forma como as pessoas escolhem se comportar depende da forma como elas são chefiadas. Se uma empresa não vê valor em ser um lugar onde os empregados podem expressar o melhor de si por meio do trabalho, então é mais provável que os administradores expressem o próprio poder pela exploração e manipulação dos empregados.

Mas se uma empresa está centrada no Tao — se ela mantém um espaço onde as pessoas podem ser honestas e fazer um bom trabalho sem medo de microgerenciamento, duras críticas ou exigências irracionais —, os administradores dessa empresa vêem a si mesmos como recursos para o seu pessoal. Eles sabem que a não-interferência inteligente é o melhor caminho para evitar grandes dificuldades no local de trabalho. A não-interferência inteligente é para a empresa aquilo que os bons hábitos alimentares e a medicina preventiva são para o corpo: você se afasta do caminho dos problemas sérios antes mesmo que eles apareçam.

# 23

*...O mundo é sagrado.*
*Ele não pode ser aperfeiçoado.*
*Se você alterá-lo indevidamente, você o arruinará.*
*Se trata-o como um objeto, você o perderá...*

*(do Capítulo 29)*

O desejo de melhorar seu negócio é bom, mas ceder à tentação de alterá-lo indevidamente pode arruinar as coisas. Mudança não necessariamente quer dizer aperfeiçoamento. Hoje em dia, grande parte daquilo que é considerado mudança, é simples alteração indevida. Por quê? Porque essas mudanças não têm um propósito claro e tratam o negócio como um objeto e não como uma comunidade orgânica de pessoas, que vive e respira. Aparentemente, muitos dos modismos gerenciais foram impostos às empresas por administradores que não observaram se o sistema específico era apropriado ao seu negócio. O Gerenciamento de Qualidade Total (GQT) é um bom exemplo. Empreendimentos tão diversos como indústrias, universidades e hospitais mergulharam no GQT há alguns anos e só mais tarde alguns deles determinaram que o GQT não era apenas mais um sistema analítico a ser empurrado garganta abaixo dos empregados; em vez disso, exigia, dentro da empresa, uma verdadeira revolução nas relações interpessoais e na organização. Em outras palavras, o GQT depende inteiramente do envolvimento da comunidade de trabalhadores.

Algumas empresas, com grande estardalhaço, acolherão o modismo gerencial do momento e então, quando a novidade não produzir um milagre rápido, a abandonarão por alguma outra coisa. Algumas empresas, com um olho na melhora do preço de suas ações a curto prazo, mudarão com regularidade as equipes gerenciais. Outras empresas, sem verdadeiro estudo ou avaliação, fecharão antigos departamentos de atendimento e terceirizarão esses serviços, geralmente sem qualquer redução nos custos e resultando em qualidade inferior.

E, na mais prejudicial de todas as alterações indevidas, alguns administradores criarão uma rotatividade considerável, dizendo: "Precisamos de gente melhor por aqui." Eles procuram defeitos no trabalho de todo mundo. Convencem-se de que as outras empresas têm pessoal melhor e de que, se apenas conseguissem encontrar pessoas melhores, obteriam melhores resultados. Assim, adotam o padrão de contratar um "homem de ouro" para consertar tudo, depois se desiludem porque ele, afinal de contas, é apenas humano. Mudam atribuições de cargos ou designam uma pessoa para assumir os deveres de outra, a qual então se sente desvalorizada e se demite. Havia no Meio-Oeste norte-americano uma empresa editora de revistas cuja alta administração se convencera de que os únicos executivos bons e agressivos na área editorial se encontravam em Nova York. É a velha história: as pessoas que foram levadas de Nova York não fizeram milagres. Não eram mais competentes do que as do Meio-Oeste e, além disso, não queriam viver no Meio-Oeste. Mais rotatividade.

O pessoal que você tem é sagrado. A natureza humana básica deles não pode ser aperfeiçoada; ela transcende seus empregos, é parte daquilo que eles são como seres humanos. A administração, em si, é uma vocação, um encargo sagrado que você assumiu e no qual o bem-estar de outras pessoas é posto aos seus cuidados durante a maior parte das horas de vigília delas. Você pode fazer algo para influenciar os bons hábitos, construir uma atmosfera na qual as pessoas confiem mais umas nas outras e sejam mais cooperativas. Você pode criar um ambiente onde elas possam realizar um trabalho melhor e mais produtivo. Você pode treiná-las nos aspectos técnicos e administrativos que são fundamentais em qualquer trabalho. Você pode proporcionar clareza sobre o que deve ser feito. Você pode dar às pessoas os recursos de que elas necessitam. E você, em pessoa, pode ser um recurso. Desse modo você consegue melhorar o trabalho delas, mas não pode melhorá-las como pessoas.

O líder sábio percebe quando é tempo de mudança e quando não é, porque compreende que a mudança está além de seu controle. Ele é paciente e permanece em sintonia com tudo o que afeta seu negócio, a ponto de saber quando todas as coisas estão prontas e é tempo de pô-las em movimento.

# 24

> ... *O Mestre confia nas pessoas que são confiáveis.*
> *Ele também confia nas pessoas que não são confiáveis.*
> *Essa é a verdadeira confiança.*
>
> *A mente do Chefe é como o espaço.*
> *As pessoas não o compreendem.*
> *Olham para ele e esperam.*
> *Ele as trata como a seus próprios filhos.*
>
> (do Capítulo 49)

A confiança é como o amor. Se não é incondicional, não é confiança. Se você disser: "Eu confiarei naquelas pessoas que me provarem que são dignas de minha confiança", na realidade estará dizendo: "Eu não sou uma pessoa confiável e não confio realmente em ninguém." Quando estabelece condições para a sua confiança, você perderá muito tempo e energia decidindo em quem pode confiar e em quem não pode. Você deveria confiar em todas as pessoas com quem trabalha, tanto os executivos acima quanto os seus subordinados. A única outra escolha é você, em princípio, não confiar em ninguém e fazer cada um lhe provar o próprio valor. Essa escolha leva a relacionamentos infrutíferos, cria um estado de ânimo pobre e uma baixa produtividade, e ainda retarda seu próprio crescimento enquanto líder.

Como ponto de partida, tome a atitude de que as pessoas querem fazer um bom trabalho e o farão se você confiar nelas. É claro, nem todo mundo quer fazer um bom trabalho e nem todo mundo é capaz de aceitar a confiança. Mas tente não filtrar isso através do seu ego, pois se o fizer, você verá como uma traição pessoal o fato de um empregado não ser confiável. Isso só o levará a uma atitude desconfiada, a fim de se proteger da dor da traição. Simplesmente aceite o fato de que, ao longo de sua carreira, haverá pessoas que mentirão para você e tirarão vantagem da sua boa vontade, mas perceba que elas, no fim, prejudicam a si mesmas e não a você. E não se preocupe tentando decifrar quem elas são; apenas dê-lhes tempo e elas cometerão uma falta que permitirá a demissão. Enquanto isso, você não terá punido todos os seus bons funcionários estabelecendo uma cultura de proibições e desconfiança. Se você estabelece esse tipo de cultura, simplesmente vai demorar mais até que as pessoas indignas de confiança sejam conhecidas.

Esteja certo de ter compreendido a definição de confiança. Alguns administradores a definiriam assim: "Há situações em que simplesmente não consigo confiar num vendedor para fazer sozinho uma apresentação, porque ele ainda não está pronto. O que devo fazer, então?" Esta questão não se refere à confiança, mas à competência, embora freqüentemente usemos a palavra "confiança" nesse contexto. Confiança tem relação com integridade, não com competência. É possível que você tenha empregados que ainda não possuem experiência ou treinamento para lidar com certas tarefas, por isso designar uma pessoa mais experiente para ajudá-los, ou ajudá-los você mesmo, não demonstra falta de confiança.

Mas, quando se trata de integridade — isto é, pessoas fazendo aquilo que disseram que fariam e se comportando com honestidade e honradez —, não recuse a sua confiança. Sua confiança nos outros cria a confiança dos outros em você.

Você talvez se pergunte: "Será que eu deveria simplesmente ignorar quem eu sei que não é digno de confiança? Ou deveria, mesmo assim, confiar nele? Será que eu não deveria aplicar uma ação disciplinar em quem trai a minha confiança?"

Essas são perguntas válidas, porque o líder precisa respeitar o grupo, e ele sabe que o fato de um membro não ser confiável pode fazer uma grande injustiça ao resto do grupo. Há erros e há crimes; os erros podem ser corrigidos, os crimes devem ser punidos. Tenha cuidado para que um erro não se torne um crime. Se um empregado abusa do dinheiro da empresa, gastando demais numa passagem aérea ou pondo na conta de despesas uma generosa refeição, não o puna como se ele fosse um defraudador.

O líder sábio consegue estabelecer limites *dentro* do contexto da confiança. Assim como você é capaz de dizer "não" aos seus filhos, com amor e para ajudá-los, também pode criticar os erros de julgamento de um empregado ao mesmo tempo que afirma a capacidade dele de ser digno de confiança.

Esses são desafios difíceis para os líderes, mas a realidade é que você pode apenas modelar os valores; não pode injetá-los nas pessoas. Você pode esperar que elas os adotem, mas não os forçar em cima delas. Você não pode controlar o comportamento de outra pessoa, mas pode envolver cada situação com uma atitude de confiança, porque percebe que todas as pessoas têm a *capacidade* de ser dignas de confiança, muito embora ainda não tenham talvez alcançado esse ponto. Você pode fazer uma pessoa se sentir tão confiável e valorizada que ela responderá sendo digna de confiança e valiosa.

E, se ela não responder dessa maneira, demita-a. Mas, mesmo demitindo uma pessoa, não desista dela completamente. Fiel aos próprios valores, você ainda poderá afirmar a capacidade dessa pessoa ser confiável, ao mesmo tempo que mantém aberto seu coração a ela e lhe transmite seu sentimento de tristeza e perda. A maneira pela qual você a demite talvez seja, mesmo que ela não esteja consciente disso, um dos maiores presentes que ela já recebeu.

O Tao Te King reconhece que, mesmo você liderando desse modo, muitos empregados não compreenderão nem aceitarão facilmente aquilo que você está tentando realizar. Mas não deixe que isso o afete. Mantenha a mente clara e receptiva, e saiba que sua melhor escolha é continuar a tratar todas as pessoas com respeito e confiar nelas sem restrições. Em outras palavras, você deveria dar a elas o mesmo encorajamento e apoio paciente que daria aos seus próprios filhos.

# 25

> *Quando um país obtém grande poder,*
> *ele se torna como o mar:*
> *todos os cursos d'água descem até ele.*
> *Quanto mais poderoso ele vai ficando,*
> *mais necessita de humildade.*
> *Humildade quer dizer confiar no Tao*
> *e, por isso, nunca precisar estar na defensiva.*
>
> *Uma grande nação é como um grande homem:*
> *Quando comete um erro, ele o percebe.*
> *Percebendo-o, ele o admite.*
> *Admitindo-o, ele o corrige...*
>
> *(do Capítulo 61)*

Quanto maior se torna uma empresa, mais cheia de si e arrogante ela geralmente se torna. Apesar de seu discurso sobre inovação e mudança, as burocracias se perpetuam e seus administradores insistem numa rígida obediência às regras da empresa. Os estudos de caso de companhias falidas ou de empresas que entraram em crise descrevem, inevitavelmente, uma administração que se recusou a questionar suas próprias ações, que nunca admitiu a possibilidade de erros e, diante de críticas, ficava na defensiva.

Os líderes excelentes, e portanto as empresas excelentes, percebem que quanto mais poder e influência ganharem, mais humildes deverão ser. Eles admitem seus erros e criam oportunidades para que seus críticos sejam ouvidos. E os líderes excelentes aceitam a crítica com elegância. Isso não é verdadeiro com relação à maioria das grandes empresas, cuja arrogante resposta habitual às críticas é acionar a máquina defensiva de suas relações públicas. Exemplos óbvios são o acidente da Exxon Valdez no Alasca, as alegações de vulnerabilidade ao fogo dos caminhões da General Motors, acusações semelhantes quanto ao tanque de gasolina do Ford Pinto nos anos 70, os defeitos de transmissão do Audi e as ações judiciais contra os implantes de mama da Dow.

Os líderes excelentes reconhecem que a crítica interna é valiosa; mas também que uma crítica que surge quando não há permissão para críticas pode levar à busca de bodes expiatórios. Enquanto os executivos comuns ouvem a crítica como um ataque pessoal que requer uma dura resposta, os líderes excelentes criam uma cultura na qual a crítica honesta é bem-vinda, não é vista como condenação e é valorizada como meio de aperfeiçoamento. Boas empresas criam fóruns para a auto-avaliação. Não há um movimento subterrâneo para controle de informações; não se fuzila o mensageiro que traz as más notícias. Em vez disso, esses líderes conversam sobre o que aconteceu e o que fazer da próxima vez. Em vez de castigar a pessoa que cometeu o erro, eles fazem essa pessoa se tornar parte da solução.

Nisso, as forças armadas são melhores do que as empresas. Os militares talvez tenham problemas de comunicação com o público em geral, mas possuem bons sistemas para inquirir os responsáveis por suas operações. Eles revisam tudo o que está relacionado a uma missão, para determinar o que foi bem-feito e o que foi malfeito. Se um membro da missão cometeu um erro, será que ele precisa de mais treinamento? Se é um erro disseminado, será que a unidade inteira precisa de mais treinamento? A razão pela qual os militares são tão conscienciosos a respeito desse processo é porque o que está em jogo é demasiado valioso: a vida ou a morte.

A naturalidade dos líderes sábios em relação aos seus erros permite que todos admitam os *próprios* erros. Cria uma atmosfera na qual os erros são livremente admitidos, em geral antes que se tornem grandes problemas, pois praticamente não há medo de punições. Quando uma funcionária de uma grande empresa nova-iorquina de comunicações estava tentando fechar uma compra, o seu presidente refutou o preço, embora este, para a moça, parecesse uma barganha. A aquisição foi feita por outra empresa e a moça ficou perplexa. No dia seguinte, o presidente telefonou para ela pedindo desculpas por ter estragado a negociação. É que ele recebera informações incorretas sobre o valor daquela aquisição. Se soubesse o valor real, disse ele à moça, teria fechado o negócio de imediato. Ela desligou o telefone sentindo um respeito muito maior por seu chefe, bem mais à vontade diante da perspectiva de ela própria cometer erros, e inspirada a trabalhar com mais afinco.

# 26

*O fracasso é uma oportunidade.
Se você culpa outra pessoa,
as censuras jamais terão fim.*

*O Mestre, portanto,
cumpre suas próprias obrigações
e corrige seus próprios erros...*

*(do Capítulo 79)*

Em grandes gestos visando capacitar e dar poderes aos seus funcionários, os altos executivos de corporações gostam de lhes dizer: "Nós encorajamos o risco e recompensamos os erros. Afinal de contas, erros são oportunidades para o aprendizado." Mas basta algo dar errado na divisão ou no grupo que eles administram — o lançamento malsucedido de um produto ou o fracasso de uma promoção, que cause perda de participação no mercado — e aqueles mesmos altos executivos irão inevitavelmente procurar alguém a quem culpar. Eles escrevem memorandos para salvar a própria pele e demitem pessoas apenas para dar a impressão de que estão resolvendo o problema.

Desse modo, os empregados não acreditam que a doação de poderes seja real; nem os executivos dos escalões médio e inferior. "Basta cometer um erro", dizem eles uns aos outros, "que você está no olho da rua."

No emprego, há muito medo de erros e fracassos porque há uma grande busca de bodes expiatórios. Os altos executivos apontam o dedo para os executivos de médio escalão, os quais apontam o dedo para os supervisores, os quais apontam o dedo para os empregados, os quais apontam o dedo para "a administração" porque "a administração não consegue se decidir" ou "ela deveria ter visto o problema se aproximando há muito mais tempo" ou "ela não nos deu o que precisávamos para fazer o trabalho". A busca de bodes expiatórios gera a busca de bodes expiatórios.

O maior problema com os erros é que as pessoas se permitem *transformar-se*, elas mesmas, no erro. Elas negam sua própria identidade e assumem a identidade do erro. Encaram-se como "A Pessoa que Cometeu o Erro", de maneira que todos os outros as vêem assim. Mas o primeiro passo para um senso mais saudável do próprio valor é você reconhecer que não se transformou no erro. Assim como você é mais do que o seu emprego, você e seu emprego são mais do que o seu erro. É difícil para as pessoas perceberem que os erros são partes do trabalho, do crescimento e da inovação. Se você não está cometendo erros, não está crescendo. Qualquer pessoa excelente em desenvolvimento de produtos nunca teria sido capaz de introduzir com sucesso novos produtos se também não tivesse tido alguns fracassos. Os erros são normais e necessários nos negócios.

O líder sábio, por aceitar plenamente quem ele mesmo é, faz o que pensa ser certo e faz o que disse que faria. Isso se chama integridade. E, quando comete erros, ele aceita esses erros, toma providências para corrigi-los e sempre declara sua plena responsabilidade por eles. Isso se chama maturidade.

# 27

*Na busca de conhecimentos,
a cada dia algo é acrescentado.
Na prática do Tao,
a cada dia algo é suprimido.
Cada vez menos você precisa forçar as coisas,
até finalmente chegar à não-ação.
Quando nada é feito,
nada é deixado por fazer...*

*(do Capítulo 48)*

Quando estávamos escrevendo este livro, pensamos em dar-lhe o título de *Nada Fazer, Nada Deixar por Fazer*. Em seu aspecto positivo, esse título teria condensado com precisão a sabedoria do Tao Te King e, como os homens e mulheres de negócios são tão obcecados por fazer coisas, a aparente contradição contida no título talvez também os tivesse deixado curiosos. Por outro lado, exatamente porque eles são tão obcecados por fazer coisas, bem poderiam ter descartado um livro com esse título achando que seria alguma espécie incomum de tolice da Nova Era. No entanto, a atitude de nada fazer e não deixar nada por fazer é a essência deste capítulo.

Antes de perguntar: "Raios, se eu não fizer isso, como é que ele vai ser feito?", pergunte primeiro: "Isso precisa realmente ser feito? Das coisas que estou fazendo, quais não são necessárias?" Os administradores costumam evitar essas perguntas, pois receiam que grande parte daquilo que fazem não seja realmente necessário, e eles se sentem incomodados quando *não* estão constantemente ocupados. Todo mundo precisa de tempo para pensar, mas a maioria dos executivos se queixa de não ter tempo para pensar. Isso acontece porque os homens e mulheres de negócios se tornaram condicionados pela crença de que estar sempre ocupado indica competência. Eles desconfiam do conceito de tempo ocioso e desconfiam do silêncio, os campos mais férteis para a criatividade e a visão.

Por isso, pare de se enganar com a idéia de que você, para ser um líder sábio, precisa estar fazendo alguma coisa o tempo todo. Dê uma chance para o não-fazer. Não-fazer não é o mesmo que ociosidade ou passividade. Os líderes sábios conseguem delegar autoridade, bem como tarefas, sem abandonar a responsabilidade e a obrigação de prestar contas. Delegar é outra maneira de suprimir alguma coisa. Significa que você abandona algo para que algo maior possa ser feito.

Se você delega sem sentir que está desistindo de sua participação ativa no trabalho, e se usa o tempo ganho para o pensamento criativo, talvez pareça que, afinal, você não está fazendo grande coisa.

Mas você ficará muito surpreso ao ver que nada é deixado por fazer.

# Parte 3

# A Motivação

# 28

*O sucesso é tão perigoso quanto o fracasso.*
*A esperança é tão vazia quanto o medo...*

*Veja o mundo como a si mesmo.*
*Tenha fé no modo pelo qual as coisas são...*

*(do Capítulo 13)*

Provavelmente soa ridículo dizer que o sucesso é tão perigoso quanto o fracasso. É óbvio que parece preferível alcançar *status* profissional e bons rendimentos – que sucessivamente nos dão flexibilidade econômica, posição e influência na nossa comunidade – do que passar uma vida de preocupações com dinheiro, de luta para equilibrar o orçamento e sem nunca ter belas casas, carros luxuosos, títulos de clubes e férias extravagantes.

Mas vamos supor que você tenha "sucesso", que se tornou um vice-presidente sênior ou o presidente, que recebe aquelas promoções, bônus e opções de compra de ações. O perigo não está em alcançar essas coisas pelo seu valor intrínseco; o perigo está em usá-las como critério para medir a si mesmo e fazer delas a razão de sua vida e de seu trabalho. Quando isso acontece, o seu trabalho perde o verdadeiro significado. Nesse ponto, a preocupação com o sucesso e os símbolos do sucesso substitui a paixão que você sente pelo seu trabalho, tira de foco a sua visão e se torna perigosa para os seus negócios. Você passa a ser tão protetor com aquilo que possui e com aquilo que ainda quer obter, que deixa de assumir aqueles mesmos riscos criativos que deram origem ao seu "sucesso", e começa a exigir que seus empregados também não assumam riscos.

Se você chega a usar as palavras *sucesso* e *fracasso*, se chega a pensar em si mesmo como bem-sucedido ou fracassado, você está em perigo. Sucesso e fracasso são apenas aquilo que você pensa ter feito. Eles não existem, exceto como abstração. Há dois grupos de pessoas que acabam se tornando infelizes. O primeiro grupo é formado por pessoas que estabelecem metas pessoais tendo em vista a posição, o poder e o dinheiro, e não atingem essas metas. O segundo grupo é formado por pessoas que estabelecem metas pessoais tendo em vista a posição, o poder e o dinheiro, e atingem essas metas. O primeiro grupo pergunta: "Onde está?", e o segundo grupo pergunta: "É isso?" As pessoas do primeiro grupo se preocupam com aquilo que não têm e se julgam fracassadas por não terem. As pessoas do segundo grupo estão sempre tentando convencer-se de que são bem-sucedidas, pois descobriram que a quantidade de dinheiro e poder que define o sucesso está sempre dando saltos para o alto. O que esses dois grupos têm em comum é querer mais daquilo, seja lá o que for, que eles não têm.

Em ambos os casos, eles estão voltados para fora, em direção daquilo que a sociedade estabeleceu como definição de sucesso e fracasso. A própria aceitação desses rótulos significa que você não está vivendo no presente. Pior ainda, você está se condenando a viver sempre preocupado com aquilo que tem feito ou deixado de fazer e com aquilo que vai fazer ou deixar de fazer. Este é um grande perigo para o seu bem-estar psicológico e espiritual, porque, necessariamente, você nunca poderá ter o suficiente ou fazer o suficiente para satisfazer a si mesmo. Você está *sempre* no caminho que sobe ou no caminho que desce. Assim, você vive num estado de antecipação e frustração, porque nunca chega lá.

O verdadeiro risco do sucesso é o risco de você se tornar desequilibrado e desenraizado, de deixar que os símbolos de curto prazo da conquista se tornem tão irresistíveis que você se dispõe a comprometer ou distorcer seus valores. Quanto tempo você gasta, depois do expediente, pensando no seu trabalho? Em que medida você está presente e disponível para seu cônjuge e seus filhos? Quando você está com eles, está inteiramente com eles? Em que medida eles estão satisfeitos com a quantidade e qualidade do tempo que vocês passam juntos? Se você responder "muito" para a primeira pergunta e "não muito" ou "um pouco" para as outras três, então o sucesso tornou-se realmente perigoso.

Qual é, afinal, o significado do sucesso? Será que o empregado demitido num corte de pessoal ou o gerente preterido numa promoção pode ser tão bem-sucedido quanto alguém que não foi dispensado ou que conseguiu a promoção? O perigo está na maneira de você encarar o sucesso. Nem se discute que o corte de pessoal causou muita dor e medo entre os empregados, mas ainda assim o mundo das pequenas empresas de hoje tem sido revigorado por pessoas que, tendo sido demitidas num desses cortes, decidiram abrir seus próprios negócios. Elas aceitaram as coisas tais como são e criaram novas circunstâncias para si mesmas, porque deixaram de lado o peso do fracasso.

Preocupar-se com o sucesso e o fracasso significa que você nunca consegue estar inteiramente no presente, que não desfruta as coisas como elas são; isso porque a sua atenção está sempre voltada para "como as coisas não são", ou "como elas serão" ou "como deveriam ser". É nesse sentido que o texto do Tao Te King faz uma conexão entre esperança, medo, sucesso e fracasso. O sucesso é o outro lado do fracasso; a esperança é o outro lado do medo. Todos eles incorporam a mesma atitude de focalizar o passado ou o futuro, e impedem você de dar o melhor de si – sua energia, criatividade, talento e visão – àquilo que está hoje à sua disposição.

## 29

*... O líder sábio incorpora
a virtude da não-competição.
Não que ele não goste de competir,
mas ele o faz dentro do espírito do jogo.
Nisso, ele é como uma criança
e está em harmonia com o Tao.*

(do Capítulo 68)

Dentro da empresa, os líderes sábios procuram desencorajar, e não aprovar, a competição destrutiva entre os funcionários. Dois fatores levam a esse tipo de competitividade: as próprias pessoas que a encaram desse modo e os sistemas administrativos que induzem as pessoas a competir pelos cargos. Eliminando o segundo fator, você consegue lidar com o primeiro. Você não pode impedir algumas pessoas de competirem; elas chegam na sua empresa já condicionadas a competir, por causa de tudo o que lhes aconteceu, desde os esportes até as experiências profissionais anteriores. As pessoas competitivas acham que, quando um colega teve sucesso, isso quer dizer que elas próprias fracassaram. Não é incomum que a pessoa que foi preterida numa promoção se demita ou comece a procurar outro emprego, achando que precisa fazer isso para salvar as aparências. É essa postura mental que impede sua empresa de ser uma verdadeira comunidade.

Por isso, deixe que seu pessoal saiba imediatamente que não há recompensa para a competição entre os colegas de trabalho. Siga a linha de criar equipes e comunidades, e encoraje o trabalho interfuncional. Estabeleça bônus para as equipes. Em várias empresas, há bônus para grupos de vendas que alcançam suas metas. Esses bônus incluem todos os membros do grupo, tanto o pessoal de apoio quanto os vendedores, porém são um acréscimo aos planos de incentivo individual. Os planos de incentivo individual asseguram que os empregados que mais produzem sejam bem recompensados, e os planos de bônus para equipe derrubam o elitismo, eliminando a cultura dos "ricos" e "pobres".

É claro que você encoraja os comportamentos positivos em tudo o que diz, mas o dinheiro é um grande reforço. A maneira de evitar comportamento destrutivo é não o recompensar; e a maneira de encorajar comportamento positivo é recompensá-lo. Simples. Isso constrói uma cultura na qual todo mundo cumpre suas tarefas para o bem da empresa, e todo mundo compreende que não precisa ser melhor do que os outros, tem apenas de ser bom.

Alguém que tenha começado a incorporar a virtude da não-competição possivelmente apoiará um colega de trabalho que recebeu uma promoção e celebrará com ele. Talvez sinta, de início, uma pontinha de inveja, mas se essa pessoa sabe que a promoção do colega é merecida e boa para a empresa, o seu ego ferido logo sara e ela volta ao trabalho com entusiasmo renovado.

"Mas, e se a promoção *não* for merecida?", pergunta você. "Libertar-me dos rótulos e trabalhar com entusiasmo seria mais fácil de dizer do que de fazer." É verdade, e se você realmente percebe que a empresa promove pessoas sem qualificações, talvez seja o caso de ir preparando-se para trabalhar em outro lugar. A pergunta-chave é: "Por que eu estou reagindo deste jeito? Será porque eu me sinto insultado ou por que sinto que aquela promoção vai prejudicar a empresa? Será que eu quero continuar aqui e ajudar a empresa no seu próximo estágio, ou acho que ela é um local de trabalho doentio e pouco produtivo para mim?" Esse processo ajuda a transcender o destrutivo pensamento competitivo.

O modo pelo qual um líder administra a competição permitirá que os empregados concebam as coisas dessa maneira mais útil. Ele encoraja as pessoas a se apoiarem mutuamente e se interessarem umas pelas outras. O espírito esportivo faz da competição, quando ela ocorre, algo revigorante e coesivo, que age para o bem de toda a empresa.

# 30

*Manifeste a si mesmo completamente
e então mantenha-se quieto...*

*Abra-se ao Tao
e então confie nas respostas que surgem naturalmente em você;
e tudo entrará no seu devido lugar.*

*(do Capítulo 23)*

O que acontece quando você fica realmente furioso no trabalho? Será que deveria engolir a raiva? Ou deveria manifestá-la? Qual é a maneira mais eficaz de você expressar sua raiva?

Gritar não é a resposta. Às vezes, quando os executivos se sentem pessoalmente traídos porque um erro foi cometido ou suas instruções não foram seguidas, eles respondem com abuso verbal. Em vez de dizer: "Estou preocupado porque o concorrente estabeleceu preços mais baixos do que os nossos e fechou aquele negócio", eles espalham sua frustração sobre todos aqueles à sua volta.

Para começar a responder a essas perguntas, você pode examinar se tenta comunicar sua raiva aos outros ou se tenta intimidá-los. A boa comunicação nunca é abusiva.

Realmente, é difícil lidar com a descarga de adrenalina que você sente quando alguém faz alguma coisa totalmente absurda. Certa gerente sênior, apesar de ser forte defensora dos princípios contidos no Tao Te King, sentiu seu sangue ferver durante um encontro para revisão do orçamento, quando descobriu um item inesperado e inaceitável. Não havia explicação. Lá estava ele. Surpresa! Num momento ou noutro, todo administrador enfrenta uma situação como essa, e a única coisa a ser feita nesse instante é... nada. Foi exatamente isso que aquela gerente fez. Abaixou a cabeça e ficou sentada, quieta, até passar a descarga de adrenalina; depois manifestou diretamente sua raiva com o problema, em vez de calar outro ser humano com os seus berros.

Se você está tentando honestamente comunicar sua irritação, sempre se expresse às claras: "João, esse erro me deixou com muita raiva. Na verdade, está sendo difícil eu me conter, porque o que você fez parece absolutamente desnecessário." Isso basta. É bem diferente de gritar: "João, seu imbecil, como você foi capaz de fazer uma besteira dessas?"

Está certo ficar furioso. Desapontamentos acontecerão, que precisam ser manifestados. Mas se você se manifesta de um modo que corta a comunicação, terá perdido a oportunidade de aprender com esses desapontamentos, porque todo mundo ao seu redor ficará paralisado. Mesmo a descoberta de um erro grosseiro no orçamento pode se tornar uma oportunidade para o empregado crescer, ajudando a resolver o problema que ele mesmo criou, e para a comunidade se unir, vendo como o problema foi tratado tão abertamente. Você não precisa de gestos dramáticos para transmitir o seu ponto de vista. Só precisa ser genuíno. Se todas as suas manifestações forem autênticas, então você estará dando liberdade para as pessoas à sua volta trabalharem sem medo.

# 31

> *... Não há maior infortúnio
> do que você subestimar o inimigo.
> Subestimar o inimigo
> significa pensar que ele é um inimigo...*
>
> *Quando duas grandes forças se opõem,
> a vitória irá
> para aquela que sabe ceder.*

*(do Capítulo 69)*

É muito mais útil você imaginar o seu concorrente como um oponente do que como um inimigo. No instante em que você concebe as coisas baseado no "eles contra mim", em que divide o mundo entre amigos e inimigos, em que começa a reagir defensivamente àquilo que seus inimigos fazem, você mesmo se torna um inimigo: um inimigo dos seus inimigos e um inimigo da sua própria paz de espírito. Embora este texto do Tao Te King tenha sido escrito especificamente para evitar o uso da força nas situações militares, ele também é útil para evitarmos os confrontos desnecessários.

Nas artes marciais, é dada uma grande ênfase no uso da energia do nosso oponente para a nossa própria defesa. Na autodefesa ou em situações competitivas nos negócios, você enfraquece sua posição estratégica se age sempre no ataque. Permanecendo com suficiente fluidez para simplesmente se afastar de uma situação, ou sair do caminho dela, você é capaz de responder de modo criativo a muitas diferentes situações.

Recentemente, uma empresa de um importante setor começou a reduzir drasticamente seus preços, suplantando todas as demais concorrentes. A resposta da maioria delas foi a raiva: "Diabos, como eles se atrevem a fazer isso? O que eles estão tentando fazer, arruinar todos nós, destruir o setor?" É claro que também partiram para o ataque e abaixaram os preços ainda mais. E assim por diante.

Mas, fazendo algo diferente, uma das empresas tirou vantagem de toda a excitação que aquela guerra de preços havia provocado. Ela fez um corte modesto em seus preços, ofereceu diversos serviços de valor agregado, incluindo seminários para os vendedores de seus clientes, oportunidades para promoções conjuntas com outras empresas e acordos publicitários especiais em cooperativa. Tudo isso aumentou os custos, é claro, mas não aumentou tanto quanto teria custado simplesmente cortar preços. Além disso, quando a guerra de preços acabou, essa empresa tinha ampliado sua participação no mercado e foi capaz de subir seus preços desproporcionalmente, porque seus clientes perceberam que estavam obtendo muito mais com os programas de valor agregado. No final da história, essa empresa tinha se beneficiado imensamente do uso da energia gerada pelos concorrentes.

Se não permanecer ágil, você se tornará igual a muitas grandes corporações que sofreram em termos de concorrência, porque seu ímpeto era tão grande e tão fortalecido por políticas conservadoras que restringiam a criatividade de seus empregados. Alguns exemplos óbvios são IBM, AT&T e General Motors; há muitos mais.

A habitual mente machista do mundo dos negócios pensa que ceder é igual a perder; para alguém com um ego inseguro, ceder parece uma intolerável entrega do controle. Mas todas as coisas naturais sabem quando e como ceder. Um ramo de árvore prefere curvar-se do que quebrar, como resposta inteligente a um vento forte. Uma palmeira se curva até o chão durante um vendaval e depois se endireita rápido, perfeitamente ereta. Ceder também pode ser o equivalente de vencer, como diz o texto do Tao Te King. A grande vantagem de saber ceder é que, mesmo quando você alcança a vitória, o seu oponente — seja ele seu concorrente nos negócios, seu colega ambicioso ou seu cônjuge — não se sentirá derrotado.

# 32

*Quando um país está em harmonia com o Tao,*
*as fábricas produzem caminhões e tratores.*
*Quando um país vai contra o Tao,*
*as bombas são estocadas nos arredores das cidades.*

*Não há maior ilusão do que o medo,*
*nem erro maior do que se preparar para a defesa,*
*nem maior infortúnio do que ter um inimigo.*
*Quem consegue compreender todos os medos*
*sempre estará seguro.*

(Capítulo 46)

Muito tem sido escrito sobre os negócios igualando-os a uma guerra. Aos executivos se tem oferecido *The Art of War*,* de Sun Tzu, e os tratados de estratégia de von Clausewitz como diretrizes para fazer negócios.

Mas os negócios não são uma guerra. Neles, nada se assemelha a uma guerra. Buscar uma maior participação no mercado, em detrimento da participação do seu concorrente, não é uma guerra. Fixar preços abaixo do preço do seu concorrente não é guerra. E se uma empresa

---
* *A Arte da Guerra*, publicado pela Editora Pensamento, São Paulo, 1994.

toma uma fatia do mercado de outra, isso não é o mesmo que a vitória no campo de batalha.

Tornou-se popular motivar os empregados por meio de frases tais como "explodir a concorrência", "sem prisioneiros" e até mesmo "fuzilar os feridos". Todas essas imagens bélicas têm uma intenção: expressar hostilidade. No entanto, uma atitude de hostilidade contra outras empresas representa um imenso desperdício de energia. Não é útil para um ramo de atividade nem é saudável para o pessoal que trabalha nele. Freqüentemente você irá trabalhar durante longo tempo com as mesmas pessoas dentro de um ramo de atividade, por isso não faz sentido transformá-las em demônios quando elas estão trabalhando com o concorrente. Qualquer que seja o seu ramo de atividade, você precisa ter uma atitude cuidadosa. Se um ramo de atividade não é saudável, também a sua empresa não será saudável.

Ninguém consegue apontar qualquer propósito empresarial útil que tenha sido alcançado por meio de uma hostilidade contra um concorrente. E pense em como isso distrai as pessoas, em vez de concentrá-las. Numa certa empresa, tornou-se norma um vendedor dizer: "Bem, nós não conseguimos fechar o negócio, mas aqueles filhos-da-mãe da XYZ também não." O pessoal de vendas tornou-se tão obcecado pela hostilidade que começou a considerar um sucesso o fato de os concorrentes não serem bem-sucedidos, em vez de se concentrar em fazer sua parte para assegurar o sucesso da própria empresa.

Seus concorrentes não são seus inimigos. Na verdade, você partilha com eles muito mais semelhanças do que diferenças. Um líder empresarial esclarecido sabe que um bom concorrente ajuda a focalizar o mercado e difundir mensagens positivas sobre o seu setor de atividades. Há muitos anos, uma empresa de comunicações lançou uma revista dirigida a um grupo especial de jovens leitores. Foi um começo difícil, porque os anunciantes não conseguiam fazer a revista se enquadrar em nada do que estava sendo publicado. E então outra empresa de comunicações lançou uma revista concorrente. Em vez de dizer: "Por que eles fazem isso? Não vêem que nós estamos tendo problemas em alcançar o ponto de equilíbrio?", o editor da primeira revista disse: "Seja bem-vinda a concorrência. Ela vai nos ajudar a convencer os anunciantes de que este é realmente um mercado viável de leitores. Isso deve ajudar a entrada de alguns dólares em publicidade. Quando isso acontecer, vamos usar nossa energia de vendas para apresentar nosso produto em vez de usá-la para definir o mercado."

Evidentemente, há informações confidenciais e patenteadas que não devem ser compartilhadas; há proibições legais contra colusões; e há sempre o esforço apropriado para ganhar uma vantagem no mercado. Muito justo. Mas também há ações que devem ser compartilhadas no interesse de todo um ramo de atividade, tais como: atenção à regulamentação governamental, pendências legislativas, necessidade de treinamento e formação de trabalhadores, cooperação para desenvolver infra-estrutura ou produtos que exijam um investimento de capital demasiado grande para uma única empresa.

Infelizmente, parece que o mundo dos negócios norte-americano dos anos recentes chocou uma ninhada de presidentes com aparência de pistoleiros que vêem suas imagens públicas agressivas como sinais fortes para os analistas da bolsa e, portanto, benéficas para o preço das ações. Como saber se isso é verdadeiro a curto prazo? Mas certamente, a longo prazo, não é benéfico para a empresa. Phil Jackson, técnico do vitorioso Chicago Bulls, alerta seu time de que, embora a vitória seja ótima, ela nunca deve vir à custa da dignidade do outro time. Uma vitória humilhante apenas acenderá a hostilidade no outro time, significando um jogo mais sujo da próxima vez, com a probabilidade da perda de jogadores-chave por causa de faltas e contusões.

Há muitos anos, um grande fabricante de creme dental foi informado de que um concorrente estava em via de introduzir um competitivo produto anticárie no mercado de dentifrícios domésticos. Com o resultado dessa espionagem industrial em mãos, o gerente de produto daquela grande marca decidiu oferecer seu tubo de creme dental gigante, tamanho família, numa promoção em escala nacional na base do compre-um-e-leve-outro-por-apenas-um-centavo. Sua explicação: "Nós vamos chutar para escanteio aqueles bastardos tirando milhões de famílias do mercado de dentifrícios exatamente na hora em que o novo produto deles chegar às prateleiras. Eles vão levar mais um mês para começar a vender." A promoção funcionou, impediu o concorrente de ganhar uma fatia do mercado durante pelo menos mais um mês – mas, é claro, *ninguém* naqueles milhões de famílias precisou comprar creme dental durante aquele período e custou muito dinheiro para todos. Valeu a pena? Em dólares e centavos, absolutamente não, porque a venda por um centavo comeu os lucros desse período. E a longo prazo, a entrada do concorrente no mercado foi apenas adiada, e não evitada. Seria impossível aquele gerente de produtos ser mais presunçoso do que foi.

As pessoas que enxergam suas profissões como um mundo repleto de concorrência hostil freqüentemente o fazem porque *necessitam* de inimigos para uma comparação. Sem um ponto de referência de quem elas *não* são, elas não sabem quem são. Sem dúvida, esses administradores podem tornar-se "bem-sucedidos", mas nesse processo criam um mundo cheio de conflitos, no qual os empregados são encorajados a ver os concorrentes como demônios e comemorar os infortúnios deles, em vez de perceberem que a ruína de uma empresa num certo setor de atividades cria dúvidas – nos meios de comunicação, nos investidores e talvez no governo – sobre o próprio setor de atividades e assim enfraquece todos naquele setor. Acima dos interesses comerciais, nenhuma pessoa decente, sabendo quanto sofrimento está envolvido, deveria ficar feliz quando uma empresa fracassa.

As pessoas que encaram os negócios como uma guerra, e então desenvolvem estratégias e táticas como se estivessem seguindo para a batalha, criam para si mesmas e para seus empregados um mundo irreal cheio de medo. E, no final, o que lhes resta? Quer elas vençam ou percam, suas mentes se tornam um campo de batalha semeado de cadáveres.

Os homens e mulheres de negócios que compreendem que isso tudo é simples invenção, aliás irrelevante, serão capazes de se concentrar em fazer seus negócios com civilidade e cortesia. Quando você sinceramente deseja o bem dos outros, a maioria das pessoas perceberá a sua intenção e em troca lhe desejará o bem. Assim, agindo cortesmente, você contribui para um legado de paz não só para os seus empregados mas também para o mundo.

# 33

*Se você superestima os grandes homens,*
*as pessoas se tornam incapazes.*
*Se você valoriza demais as posses,*
*as pessoas começam a roubar.*

*...O Mestre lidera as pessoas*
*esvaziando suas mentes*
*e preenchendo-lhes o âmago;*
*enfraquecendo suas ambições*
*e fortalecendo-lhes o poder de resolução...*

*(do Capítulo 3)*

Somente pouquíssimas pessoas chegarão um dia a obter muito poder e dinheiro, por isso, enfatizar o poder e o dinheiro garante frustração e uma sensação de fracasso para todas as outras. Quando o reconhecimento e a recompensa estão disponíveis apenas para uns poucos, a grande maioria se sentirá desprovida de reconhecimento e de recompensa. Quando os administradores estabelecem que o sistema de valores do local de trabalho enfatiza o dinheiro e o *status*, eles arruínam as recompensas interiores que o bom trabalho construiu.

O líder sábio não contesta o aumento de autoridade e de remuneração — isto é, as promoções e os aumentos salariais — como recompensas pelo bom trabalho, mas ele também compreende que a preocupação com o poder e o dinheiro arruína a própria alma de uma organização. No instante em que a ênfase é posta nas recompensas, em vez de no trabalho em si, então todo mundo, desde o presidente até o operário na linha de montagem, começa a se interessar apenas pelas recompensas.

Essa é uma receita de desastre. As pessoas que detêm poder se agarram a ele, enquanto todos os demais se sentem incapazes. As pessoas no poder criarão meios para recompensar a si mesmas, e de modo desproporcional em relação aos outros empregados, criando assim uma estrutura de classes econômicas dentro da organização. No instante em que os empregados percebem que a cultura do local de trabalho é do tipo "ricos" e "pobres", a empresa está caminhando para a destruição. Esta pode vir simplesmente sob a forma do ressentimento que arruína o compromisso do empregado com a tarefa que ele tem em mãos, ou assumir uma forma mais grave. Um número muito grande dos líderes empresariais de hoje parece não ter consciência histórica; parece não reconhecer que os trabalhadores, sempre que se sentem oprimidos, encontram meios de manifestar sua frustração. Acontecimentos recentes indicam claramente a aproximação de um período de conflitos administração/mão-de-obra, incluindo manifestações de protesto e greves – um desastre para muitos negócios norte-americanos – mas, ainda assim, os cortes de pessoal e pagamentos inflados aos executivos continuam crônicos, como se a diretoria e os altos executivos não compreendessem a conexão entre empregados infelizes e um sistema de classes econômicas dentro da empresa.

Menos destruidora, mas ainda preocupante, é a questão das mordomias que as pessoas no poder usam para ampliar ainda mais seu próprio prestígio. Todo mundo busca justiça e, por isso, os empregados, quando vêem os poucos que ocupam os cargos mais elevados darem grande valor às mordomias, sentem-se justificados para encontrar meios de criar mordomias para si mesmos: intervalo de almoço um pouco mais longo, um acréscimo nas faltas por "doença", um dinheirinho a mais aqui e ali nos relatórios de despesas, o furto de algum *software* para o computador de casa e até mesmo daqueles velhos suprimentos de escritório que estavam de reserva.

O Tao Te King observa que o líder sábio dá liberdade aos empregados, em todos os níveis, esvaziando suas mentes dessas trivialidades e preenchendo-as com uma paixão pela substância. Isso significa criar recompensas que sejam proporcionais à contribuição real para o esforço coletivo – pagar pelo desempenho e não segundo os tradicionais sistemas hierárquicos de remuneração salarial. (Por exemplo, poderia um único vendedor produzir tamanho volume de vendas que recebesse mais do que o vice-presidente de vendas? Sim, certamente.) E isso significa eliminar tolas mordomias e privilégios.

A maioria das coisas que contribuem somente para o senso de prestígio dos executivos e empregados foi criada a serviço da ambição. Em geral, no mundo dos negócios, ser visto como uma pessoa ambiciosa é considerado um elogio. No entanto, o Tao Te King diz neste Capítulo que a ambição não é uma característica desejável; diz que ela precisa ser enfraquecida. O texto estabelece uma clara distinção entre ambição e poder de resolução: *ambição* é uma palavra do ego, enquanto *resolução* é o compromisso a longo prazo de atingir o nível desejado de desempenho, que, certamente, é o mais poderoso ativo que uma empresa pode ter. Esse compromisso depende do sistema interno de recompensas da própria pessoa. O que você acha de si mesmo? Com o quê você se identifica fora do seu trabalho? Em que medida as coisas que você possui são essenciais para o seu bem-estar?

O líder sábio mantém as pessoas concentradas no próprio trabalho e no objetivo a longo prazo desse trabalho; assim, ele enfraquece a ambição dos empregados de vencer a curto prazo e fortalece a resolução a longo prazo para criar coisas que, em si, são excelentes e que são valiosas para os clientes e para a comunidade como um todo.

# Parte 4

# A Criação de uma Comunidade que Funciona

## Parte 4

# A Criação de uma Comunidade que Funciona

## 34

*Cada ser no Universo é uma manifestação do Tao.*
*Brota para a vida, inconsciente, perfeito, livre,*
*adquire um corpo físico*
*e deixa que as circunstâncias o completem.*
*É por isso que todo ser espontaneamente reverencia o Tao.*

*O Tao traz à luz todos os seres, alimenta-os, mantém-nos,*
*cuida deles, conforta-os, protege-os,*
*leva-os de volta para si, criando sem possuir,*
*agindo sem expectativa, guiando sem interferir.*
*É por isso que o amor do Tao*
*está na própria natureza das coisas.*

(Capítulo 51)

Quando os empregados dizem: "Eu adoro este lugar", o que eles estão realmente dizendo? Simples: que se sentem livres para fazer seu trabalho tornar-se a melhor manifestação de si mesmos e de suas habilidades. Este capítulo descreve um ambiente desses, e a beleza do texto do Tao Te King está na forma como ele expressa a exuberante alegria de você simplesmente ter a permissão de ser você mesmo.

Imagine que essa referência ao Tao é o espaço que o líder cria para cada empregado individualmente. E o que caracteriza esse espaço? O primeiro verso enfatiza que a chave é a liberdade, descrevendo-a como uma liberdade absoluta baseada na confiança; uma liberdade que não está tolhida por regras e restrições.

O segundo verso descreve uma carinhosa liderança que encoraja e apóia, mas sem possuir ou asfixiar com demasiada atenção; que também está embasada na liberdade em relação à supervisão intrusa, do tipo que espia-sobre-o-ombro.

A prova de que um líder criou um local onde há liberdade e encorajamento é que os empregados respeitarão esse líder, espontaneamente, inconscientemente. Você verá isso como um estado de ânimo elevado, produtividade e resultados empresariais. E você o ouvirá em comentários do tipo "Eu adoro este lugar".

# 35

> ... *Tente fazer as pessoas felizes*
> *e você estará preparando as bases para o sofrimento.*
> *Tente moralizar as pessoas*
> *e você estará preparando as bases para o vício.*
>
> *Por isso o Mestre se contenta*
> *em servir como exemplo,*
> *sem impor sua vontade.*
> *Ele é agudo, mas não perfura.*
> *Direto, mas flexível.*
> *Radiante, mas agradável ao olhar.*

*(do Capítulo 58)*

Seja cético em relação ao líder empresarial que diz: "Na minha empresa, somos todos uma grande e feliz família." O mais provável é que ele esteja tentando controlar os empregados, fazendo as regras e depois os recompensando quando obedecem e punindo quando não obedecem. Na realidade, a atenção desse líder está focada no poder sobre os outros; e suas tentativas de controlar o comportamento das pessoas se torna repressão. Como gosta de dizer certo gerente: "Mesmo numa família feliz, você precisa levar o lixo para fora e limpar o banheiro. Se você precisar fazer isso no seu emprego, ninguém será feliz."

Assim, ponha de lado o modelo da família como meio de criar um local de trabalho produtivo. Você é líder e administrador, não o patriarca de uma família. Embora haja administradores que falam positivamente do "modelo paternal de gerenciamento", este é muito arriscado. Para começar, uma família está unida por laços indissolúveis: você não pode demitir seus filhos, portanto, nunca poderá ter com os empregados as mesmas relações que tem com os filhos. Com seus filhos, você tem ligações muito mais carregadas emocionalmente do que jamais teria com seus empregados. Do contrário, como você poderia fazer uma avaliação honesta sem que o empregado se sentisse pessoalmente ofendido, como se sentem seus filhos quando você tenta ser objetivo com eles?

O conceito de família dentro do ambiente de trabalho também corre o risco de estabelecer laços doentios de lealdade pessoal, em vez da lealdade profissional. Os administradores que gostam de se vangloriar: "Meu pessoal é leal a mim", estão na trilha errada. No instante em que você exige que a lealdade dos empregados se deposite na sua pessoa e não no propósito maior, você reduziu seu próprio potencial de obter dos empregados os melhores resultados. É claro que a lealdade deles ao propósito maior deve estar bem sedimentada no respeito por você, mas você nunca deveria avaliá-los com base em lealdades pessoais ao invés de resultados profissionais. Fazer o contrário é incorrer em favoritismo.

Você nem sempre consegue gostar das pessoas com quem trabalha e deveria estar preparado para recompensar o bom trabalho das pessoas de quem não gosta ou punir as pessoas de quem gosta. Se você é incapaz de dizer: "Eu gosto de você, mas está despedido" ou "Você é um chato, mas aqui está o seu aumento", não deveria estar na gerência.

Seja cuidadoso também com outra popular metáfora do mundo dos negócios: o time. É verdade que a organização dos grupos de trabalho em equipes melhorou o trabalho de muitas pessoas, ao envolvê-las num projeto global em vez de apenas inseri-las numa parte de alguma coisa; isso também aumentou a produtividade. O que não quer dizer que as empresas ou os grandes departamentos deveriam começar a referir-se a si mesmos como "times". Quando isso acontece, o alto executivo começa a considerar-se o técnico do time e passa a ver seus empregados como titulares e banco de reservas. Pensa em vitórias e derrotas, em vencedores e perdedores. Usa metáforas do mundo dos esportes, com todas as imagens possíveis: bloquear e deter o adversário, fazer um contra-ataque, chutar as canelas e assim por diante.

Os líderes sábios compreendem que o local de trabalho é uma comunidade composta, como todas as comunidades, por pessoas cujas habilidades abrangem um amplo espectro de competência. Os administradores gostam de alegar: "Todo o meu pessoal é extraordinário", mas, no momento mesmo em que estão dizendo isso, sabem que é um absurdo. Todo mundo tem pontos fortes e pontos fracos, e o líder sábio percebe que sua verdadeira tarefa é, como diz Peter Drucker, tornar eficazes os pontos fortes das pessoas e irrelevantes os seus pontos fracos. O líder sábio não faz isso com tapinhas nas costas e conversas para levantar o ânimo, nem com críticas agressivas e intimidação — esses recursos são ineficazes para se alcançar resultados a longo prazo. Ao contrário, ele cria uma grande clareza a respeito daquilo que precisa ser feito e se certifica de que todo mundo compreende como as tarefas individuais se ajustam ao propósito da organização.

Assim como o líder sábio percebe que as recompensas externas não fazem as pessoas felizes, compreende também que não é ele que consegue *fazer* as pessoas felizes. Ele pode apenas criar um lugar onde é possível as pessoas serem elas mesmas e, se tiverem capacidade de encontrar felicidade no próprio trabalho, elas a encontrarão. Todavia, o líder sábio não é ingênuo nem está paralisado por seus ideais. Mesmo quando o local de trabalho é o melhor possível, ele percebe que ainda pode haver pessoas que não florescem e pessoas que ele terá de demitir. Às vezes, demiti-las, por difícil que seja, ajuda a criar um ambiente de trabalho melhor para aquelas que permanecem.

O líder sábio está receptivo a todos e sente prazer em fazer o bem, porém não é inseguro ou dogmático. Sua mente é afiada, mas ele a usa para aparar as dificuldades, não para podar as pessoas; e permanece flexível em sua resposta às circunstâncias sempre mutáveis.

O líder sábio percebe que é mais eficaz, embora mais difícil, viver uma vida exemplar do que impor seus ideais aos outros. Seu exemplo radiante não faz as pessoas pensarem: "Uau! Como ele é brilhante!", mas sim: "Que pessoa maravilhosa ele é! Acho que eu também posso ser assim."

# 36

*Se você quer limitar alguma coisa,*
*antes deve deixar que ela se expanda.*
*Se quer eliminar alguma coisa,*
*antes deve deixar que ela floresça.*

*(do Capítulo 36)*

Assim como ocorre em outros capítulos do Tao Te King, as lições deste capítulo podem se aplicar a muitas e diferentes situações gerenciais. Consideremos, porém, um problema que todo administrador enfrenta de tempos em tempos: uma inesperada explosão de descontentamento. Deixada sem controle, é claro, ela pode trazer sérios problemas ao estado de ânimo do pessoal.

Ouça os primeiros sinais. Você os escutou; todo mundo os escutou. Eles poderiam ser chamados de "os rumores do descontentamento".

Quais são os sintomas? De início, pequenas coisas, como piadas sarcásticas presas no quadro de avisos ou enviadas por *e-mail*. Mais tarde, é possível que ao fazer uma pesquisa sobre as atitudes de seus empregados, você fique chocado diante dos comentários negativos. Ou então, certo dia, o chefe chega e pergunta: "Onde foi que começaram todos esses boatos?" Se as coisas ficam bastante ruins, pode vir às claras uma séria desavença e, quando você se dá conta, o pessoal de recursos humanos está atrás de você para falar de seminários sobre solução de conflitos.

Como é que tudo isso começa? Os locais de trabalho são comunidades humanas e em toda organização, não importa quanto as pessoas sejam bem administradas, elas ficarão insatisfeitas de tempos em tempos. Mas é quando os empregados sentem que não estão sendo ouvidos, que os rumores de descontentamento inevitavelmente se transformam em problemas que afetam o estado de ânimo e a produtividade.

Alguns administradores não levam suficientemente a sério esses rumores. Mantêm a velha atitude: "As pessoas vão mesmo reclamar sobre uma coisa ou outra, então não há nada que eu possa fazer." Outros administradores acreditam que o empregado quer ver o mundo somente da própria perspectiva, sem compreender como as coisas realmente funcionam.

A questão jamais consiste em como eliminar todo esse descontentamento, mas em como lidar com ele de uma maneira que o limite, em vez de impulsioná-lo a outras formas mais destrutivas, tais como operações-tartaruga, trabalho de baixa qualidade e esforços organizados contra a empresa. Se você quer manter o descontentamento num patamar mínimo e evitar os problemas maiores, então deveria enfatizar a comunicação honesta e oferecer um fórum no qual as pessoas possam, sem medo de represálias ou recriminações, expressar plenamente suas preocupações e suas críticas — mesmo se essas críticas se referirem a você. E você deveria ouvir sem argumentar. O objetivo é chegar à fonte do descontentamento, examinar as causas subjacentes. Acaso há questões relacionadas a salário e condições de trabalho? Acaso há problemas na conduta de algumas pessoas no local de trabalho? O fórum, em si, é um passo dado a caminho da resolução dessas questões; é uma oportunidade para que você, o líder, enxergue tudo o que está afetando os empregados, em vez de simplesmente reagir a cada problema no momento em que ele surge. Mesmo quando há questões que você é incapaz de resolver imediatamente, em geral é suficiente as pessoas saberem que você está presente, ouvindo-as e sabendo o que elas estão passando.

Alguns líderes sábios encontram-se informalmente com pequenos grupos e, num ambiente onde há o mínimo de intimidação, oferecem a cada pessoa a oportunidade de falar. Outros líderes promovem "reuniões comunitárias" nos grupos ou departamentos, nas quais os empregados têm acesso ao microfone ou podem submeter anonimamente comentários e perguntas. Qualquer que seja o tipo de reunião, a ênfase não está nas operações da empresa ou no planejamento, mas no sentimento das pessoas a respeito de seus empregos. E, qualquer que seja o tipo de reunião, deverá haver tempo suficiente para todos aqueles que desejarem falar.

O fundamental é criar um lugar seguro onde o descontentamento das pessoas se manifeste a plena voz. Às vezes, nesses ambientes seguros, os empregados chegam às suas próprias resoluções. Se você não tentar forçar os acontecimentos, mas criar oportunidades nas quais as coisas possam acontecer naturalmente, e se você permanecer receptivo, seus empregados irão dar generosamente o melhor de si.

# 37

*...O Mestre está disponível para todas as pessoas
e não rejeita ninguém.
Ele está pronto para usar todas as situações
e não desperdiça coisa alguma...*

*(do Capítulo 27)*

É muito tentador tratar melhor quem tem um ótimo desempenho do que aqueles com desempenho apenas razoável. Isso está certo quando se trata de salário e bônus, mas você nunca deveria negar sua boa vontade a um empregado, qualquer que seja seu desempenho. Tratar todos os seus empregados com respeito é o único meio de trazer à tona o melhor de cada um deles, mesmo daqueles que não são tão bons. Nenhum local de trabalho pode ser constituído apenas de "superastros", e os administradores que ignoram os competentes trabalhadores medianos estão pondo em risco a produtividade a longo prazo de seu departamento ou empresa. Os gerentes, com muita freqüência, depositam seus esforços mais intensos no apoio e na recompensa aos superastros. Com isso, esses gerentes deixam de aplicar suas valiosas habilidades de treinamento justamente naquelas pessoas que mais as necessitam.

Quando você acabou de adquirir outra empresa, é ainda mais importante estar consciente da maneira pela qual você trata as pessoas. O líder sábio de uma empresa adquirente compreende e valoriza o fato de que as pessoas que criaram uma empresa atrativa, como a que ele acabou de comprar, são as que, antes de mais nada, tornaram-na digna de ser adquirida. E ele manifesta sua satisfação ao seu pessoal da empresa adquirente por eles terem criado uma organização forte o suficiente para assumir outro grande desafio.

Muitas aquisições deixam de produzir os resultados esperados pela empresa adquirente. Por quê? Isso não é segredo. Com muita freqüência, os administradores da empresa adquirente assumem que conhecem os negócios muito melhor do que os administradores da empresa adquirida. Por sua vez, os administradores da empresa adquirida, já ansiosos quanto ao seu destino, passam a encarar os novos chefes como inimigos. Prosseguindo sem confiança em ambos os lados, os adquirentes, em sua arrogância, pressionam os adquiridos, que então ficam na defensiva. O foco no bom trabalho, na produtividade e nos resultados se perde na luta política, e todo mundo sofre.

Os executivos de empresas adquirentes gastam grande quantidade de tempo e energia adquirindo uma companhia, mas raramente depositam o mesmo esforço em fazer os empregados da empresa adquirida se sentirem valiosos. O líder sábio precisa tornar claro aos seus antigos empregados exatamente o que tornou atraente a empresa-alvo e porque os novos empregados são tão importantes. De início, ele constrói um entrosamento das pessoas, de suas realizações e de seus produtos. Esse deveria ser um projeto de comunicações em larga escala, no qual as pessoas da empresa adquirida são chamadas para fazer apresentações e se tornar conhecidas. O líder sábio faz a mesma coisa para os empregados e executivos da empresa adquirente. Em ambos os casos, deveria haver grande ênfase nas realizações positivas e naquilo que os dois grupos podem aprender um com o outro.

Esse tipo de liderança é a menos destrutiva para as pessoas e operações, constrói uma reputação que faz as outras empresas responderem com entusiasmo à possibilidade de ser adquiridas, e produz resultados empresariais excelentes.

# 38

*O Tao nada faz*
*e, ainda assim, todas as coisas são feitas.*

*Se os homens e mulheres poderosos*
*pudessem centrar-se no Tao,*
*o mundo inteiro, por si mesmo,*
*se transformaria de acordo com seus ritmos naturais.*
*As pessoas estariam contentes*
*com suas vidas simples, cotidianas,*
*harmoniosas e livres de desejo.*
*Quando não há desejos,*
*todas as coisas permanecem em paz.*

*(Capítulo 37)*

Uma das grandes contribuições do Tao Te King é desafiar nossa maneira de ver, não só o mundo, mas também as palavras que usamos para descrever aquilo que vemos. Por exemplo, a palavra *contentamento* costuma ser definida negativamente como condescendência. É claro que não queremos um local de trabalho cheio de pessoas condescendentes, que não têm paixão pela excelência, que apenas estão satisfeitas com o *status quo*. Por outro lado, não queremos um local de trabalho cheio de funcionários lutando para subir, servindo a seus próprios interesses egoístas, apunhalando os outros pelas costas, e todos eles preocupados apenas com suas próprias ambições.

Mas, neste capítulo do Tao Te King, "contente" equivale a "estar em harmonia" e significa "feliz, realizado, aceitando profundamente as coisas como elas são".

Porém, você pode perguntar: "O que motivaria uma pessoa como essa a fazer das tripas coração quando a empresa está realmente sob pressão, quando nós precisamos que ela faça um esforço especial?" A resposta está na expressão "quem ama seu trabalho". As pessoas motivam a si mesmas. Elas extraem enorme energia da dinâmica do grupo, da comunidade no local de trabalho. Esta não é uma questão de motivação externa; você deveria ir além do velho refrão que diz que os valores externos são as únicas coisas que tornam as pessoas produtivas. Abandone o pressuposto de que você, para fazer as pessoas realizarem um bom trabalho, precisa estimulá-las com dinheiro e promoções.

Isso não quer dizer que as recompensas externas não tenham valor; elas têm, sim, mas apenas a curto prazo. Para as pessoas serem felizes a longo prazo, o trabalho em si deve ser a recompensa do trabalho. Caso contrário, as pessoas passam a vida perseguindo os fantasmas do dinheiro e do poder e acabam perdendo de vista os valores internos que lhes dão as verdadeiras recompensas.

Você ajuda as pessoas a encontrar essas verdadeiras recompensas aprovando-as e ao trabalho delas, e auxiliando-as a estabelecer uma conexão entre aquilo que fazem e os propósitos maiores da organização. Um líder trabalha junto às pessoas desenvolvendo afirmações individuais de propósito, que se ligam diretamente à afirmação de propósito da empresa. "Se queremos que as pessoas encontrem significado no trabalho", diz ele, "elas precisam sentir que seu trabalho faz diferença, por estar conectado àquilo que estamos tentando realizar juntos."

A atenção aos propósitos e à conexão proporciona o alicerce para o compromisso a longo prazo, e oferece um contexto no qual as recompensas externas são mais eficazes. No entanto, se você depende apenas de recompensas externas para motivar positivamente seus empregados (ao lado de críticas e punições, como motivação negativa), você passará a vida num gerenciamento do tipo "ora faz agrados, ora dá pauladas".

Nos negócios, aceitamos muito facilmente a sabedoria convencional que criamos. "Ambição" é bom, "contentamento" é ruim; "desejo" é bom, "satisfação" é ruim. O líder sábio percebe que a primeira obrigação da liderança é ajudar as pessoas a encontrar significado no próprio trabalho, não importa qual seja o cargo. Quer o funcionário esteja separando a correspondência, dirigindo a equipe de vendas, varrendo o chão ou presidindo uma reunião da diretoria, ele deveria ser capaz de encontrar significado em seu trabalho.

Assim as pessoas desenvolverão uma *paixão* pelo trabalho e pelo propósito maior da organização. Isso é diferente do *desejo*, que está a serviço do ego.

Pense nisto. O que poderia ser mais produtivo do que uma empresa composta por um quadro de pessoas felizes que amam suas vidas simples e cotidianas, que não se sentem obcecadas ou impelidas, que se apóiam mutuamente e apreciam seus líderes, que amam seu trabalho mas conseguem deixá-lo para trás ao final do expediente e se entregar inteiramente às outras paixões de suas vidas: a família, os amigos e a comunidade?

## 39

> *Todo aquele que está plantado no Tao*
> *não será erradicado.*
> *Todo aquele que seguir o Tao*
> *não irá desaparecer.*
> *Seu nome será honrado*
> *de geração em geração...*
>
> *(do Capítulo 54)*

Pense nos líderes empresariais que você mais admirava, aqueles cujo exemplo você mais queria seguir. Quem são eles? Os que reduzem eficazmente os custos? Os administradores competentes? Os técnicos talentosos? Talvez, mas pouco provável. Embora os grandes líderes possam ser eficazes, competentes e talentosos, suas características mais admiráveis — a receptividade, a honestidade, a confiança e a coragem de fazer a coisa certa — têm mais que ver com quem eles eram enquanto pessoas do que com aquilo que fizeram como profissionais.

Quando as pessoas são convidadas a descrever os líderes que mais admiraram e com quem mais aprenderam, nunca se ouve: "Ele era sempre capaz de obter um maior retorno sobre o patrimônio líquido dos acionistas." Em vez disso, você as ouve falar das qualidades humanas desses líderes: histórias sobre seus contatos pessoais, sua atenção especial em momentos de necessidade, seu trabalho voluntário para a comunidade. Você ouve: "Ele foi um homem maravilhoso" ou "Ela sempre parecia capaz de perceber quando eu tinha um problema pessoal."

Há alguns anos, quando o corte de pessoal estava se tornando um modismo, o presidente de uma grande companhia convocou todos os seus chefes de departamento. "Ouvi dizer que alguns de vocês acham que para cortar custos deveríamos pegar carona nessa onda de demissões em massa. Concordo que precisamos reformular nossa estrutura de custos, mas quero que vocês apresentem as idéias mais criativas possíveis para fazermos isso. Quanto àqueles dentre vocês que pensam que demitir nossos empregados é a melhor maneira de cortar os custos, sugiro que vocês talvez não estejam se sentindo à vontade trabalhando nesta organização. Nossos empregados construíram esta empresa e eu consideraria imoral demitir qualquer um deles antes de termos tentado todas as outras possibilidades."

Essa história tornou-se parte da história daquela companhia. A empresa tem se saído bem, o presidente ainda está lá e você pode ter certeza de que o nome dele será respeitado por muitas gerações.

Outro executivo, vice-presidente sênior de uma das maiores companhias do mundo, decidiu que já seguira demais o modelo comandar-e-controlar. "Aquilo simplesmente não era eu", explicou ele. "Eu sempre me saí melhor, tive um melhor desempenho, quando buscava o meu próprio crescimento pessoal e recebia as mais variadas opiniões sobre o modo de fazer o meu trabalho."

Assim, esse vice-presidente assumiu um grande risco. Decidiu tornar o crescimento pessoal um dos padrões de desempenho para todo o seu pessoal. "Eu sabia que, se apenas os 'encorajasse'", disse ele, rindo, "eles não iriam acreditar que podiam realmente fazê-lo. Assim, eu tornei isso parte do trabalho deles." Ele convocou todos os seus gerentes sênior para uma reunião na qual organizou uma feira sobre crescimento pessoal. Haveria barracas representando todo tipo de oportunidades oferecidas por comunidades voluntárias, bem como cursos de orientação e demonstrações de artes marciais suaves e de meditação, além de material das principais igrejas. Sua idéia era expor seu pessoal às mais diversas possibilidades, e deixá-los escolher algo novo ou simplesmente reafirmar o que já estivessem fazendo. Mas ele exigiu que incluíssem isso em seus padrões de desempenho. "Se eles dissessem 'vou passar mais tempo com meus filhos'", explicou, "isso seria ótimo. Mas eu queria que fosse um compromisso, porque sei que aqueles que estão crescendo em termos pessoais também estão mantendo o tipo de equilíbrio que faz deles empregados bons e produtivos a longo prazo."

Esses executivos estavam realmente vivendo aquilo que este capítulo do Tao Te King pede: as admiráveis características da coerência, autenticidade e equilíbrio na vida e no trabalho.

O que você faz é transitório; mas quem você é, em essência, nunca desaparecerá.

# 40

*Juntamos os aros para construir uma roda,*
*mas é o furo no centro dela*
*que faz a carroça mover-se.*

*Moldamos a argila para fazer um pote,*
*mas é o vazio dentro dele*
*que guarda tudo o que queremos.*

*Martelamos a madeira para construir uma casa,*
*mas é o seu espaço interior*
*que a torna habitável.*

*Trabalhamos com seres,*
*mas o que usamos é o não-ser.*

*(Capítulo 11)*

As poderosas imagens cotidianas deste texto do Tao Te King evocam algo que pode parecer místico de início, mas na verdade é bastante óbvio depois de uma reflexão; algo que todos sabem intuitivamente.

Usamos matérias-primas e técnicas para fazer uma roda, um pote ou uma casa — e, ainda assim, o que os torna úteis não é a sua forma, mas o espaço que essa forma define e cria. Uma sala é aquilo que está dentro de suas quatro paredes; as paredes tornam a sala possível, mas elas não são a sala. Mesmo aquilo que está dentro da sala — os móveis, a iluminação, o revestimento do piso e assim por diante — apenas acomoda o modo de vida das pessoas que moram nela; não é o próprio viver.

Bem, o que isso tem que ver com gerenciamento? Exatamente isto: nos negócios, nós tentamos ver as coisas que não podemos ver criando estruturas que podemos ver. E então nos preocupamos com a estrutura, em vez de nos preocupar com o que acontece dentro dessa estrutura. Há departamentos de planejamento estratégico, por exemplo, que estão muito mais preocupados em saber se um plano está de acordo com o formato estabelecido do que com a qualidade dos pensamentos representados no plano. Já fizemos esta pergunta muitas vezes: Será que o organograma é a organização real? Os administradores gostam de acreditar que o gráfico que criaram mostra as inter-relações das pessoas, o modo pelo qual a comunicação e o poder fluem entre elas. Mas isso é uma ilusão. Quer a estrutura seja mostrada em forma de círculo, de equipes interfuncionais, de equipes auto-administradas ou da tradicional pirâmide, a idéia é mostrar pessoas se relacionando de acordo com aquele diagrama. Mas a organização não é aquele diagrama; a verdadeira organização não pode ser vista, porque ela é a energia e o comprometimento gerados por pessoas trabalhando em relacionamentos que trazem como resultado produtos e serviços para os clientes. E, na verdade, aquilo que o cliente compra é apenas a manifestação tangível dessa mesma energia e comprometimento das pessoas.

Relacionado a isso, há também o aspecto dos recursos físicos. Os administradores providenciam para os empregados todos os equipamentos, escritórios, mesas, computadores etc., para que façam o serviço. Por mais importantes que sejam esses recursos, eles não realizam nada.

A maioria das empresas funciona apesar da estrutura, e não por causa da estrutura. Algumas vezes os empregados acabarão até mesmo se tornando uma comunidade unida, em sua reação *contra* a burocracia. No exército de antigamente, por exemplo, era o primeiro-sargento que sabia encontrar os meios de fugir ao regulamento para que o trabalho pudesse ser feito. Nas empresas de hoje, são as secretárias sênior e os empregados de escritório que azeitam os mecanismos da rotina de trabalho e mantêm as coisas em andamento.

Claro, é vital que um líder esteja capacitado a determinar a estrutura e os recursos apropriados para cada situação. Mas é ainda mais importante que o líder não se deixe escravizar por essas coisas nem mantenha seus empregados prisioneiros da forma. Em vez disso, ele precisa compreender o poder daquilo que ele não faz, e valorizar as coisas que não consegue ver.

# Parte 5

# A Visão

# 41

> *... Se os homens e mulheres poderosos*
> *conseguissem permanecer centrados no Tao,*
> *todas as coisas estariam em harmonia.*
> *O mundo se tornaria um paraíso.*
> *Todas as pessoas estariam em paz*
> *e a lei seria escrita em seus corações...*
>
> (do Capítulo 32)

Se quiséssemos viver nossa vida e administrar nossos negócios segundo os princípios do Tao Te King, como seria o mundo dos negócios? Como *você* agiria?

Este capítulo talvez pareça prometer uma utopia; certamente que o mundo nunca poderia ser assim. Ou poderia? Se não o mundo, poderiam nossa vida pessoal e nossos negócios ser assim?

Em que medida seria utópico imaginar que líderes sábios pudessem criar locais de trabalho repletos de apoio, e não de medo; locais de trabalho que fossem verdadeiras comunidades, onde as necessidades das pessoas são respeitadas e suas realizações profissionais são recompensadas? Já deveria ser óbvio que a idéia de economizar cada centavo a curto prazo espalhou-se desde os altos executivos até os administradores de todos os níveis, fazendo-os responder de diversas maneiras aos apelos por redução de custos: eles sacrificam o desenvolvimento futuro dos produtos por um ganho financeiro a curto prazo; cortam equipamentos e recursos; comprimem a faixa dos aumentos salariais; e se recusam a substituir funcionários que se demitiram. Muitos administradores estão percebendo que o pensamento de curto prazo inevitavelmente irá arruinar seu futuro, mas o mundo dos negócios, sem outra fórmula para o sucesso, está lutando para encontrar uma maneira de sair dos problemas que criou para si mesmo. Os líderes empresariais buscam respostas instantâneas em modismos e truques gerenciais, sem prestar atenção às pessoas sobre quem estão impondo esses modismos: os empregados cujo poder criativo faz a empresa andar. Agindo assim, eles são como o prospector de petróleo que não tem consciência de estar sentado sobre a mais rica terra do mundo e fica enviando agentes a países estrangeiros em busca daquilo que ele já possui. Seu maior recurso — as pessoas que trabalham para você — está bem debaixo do seu nariz.

Enquanto as empresas virem os empregados como custos e não como ativos, elas sempre se sentirão tentadas a reduzir custos em vez de investir mais nos ativos, como, por exemplo, proporcionar proteção aos cuidados com a saúde, à aposentadoria e a tudo aquilo que ajuda as pessoas a atravessar a vida com dignidade. O retorno desses investimentos virá na forma de trabalhadores dedicados e altamente produtivos, porque se sentem valorizados.

Em que medida é utópico imaginar que pode haver relações abertas e honestas em todo o mundo dos negócios, entre os administradores e os empregados, e com os acionistas, fornecedores, clientes e a comunidade como um todo?

É o desejo de poder que causa a manipulação das informações. Contudo, está claro que desonestidade e segredo não compensam. Lembre-se de quantas demissões em massa foram anunciadas a analistas financeiros e à imprensa, mas não diretamente aos empregados, que então esperavam com grande ansiedade para ver quais deles seriam cortados da folha de pagamento. O resultado era raiva e amargura, má repercussão na imprensa, ameaças de ação política. E, para surpresa de muitas daquelas empresas, o corte de pessoal não aumentou sua participação no mercado nem produziu ganhos de produtividade ou de valor de mercado. Uma das pessoas responsáveis pela teoria por trás do modismo da redução de tamanho das empresas fez um comentário irônico em meados dos anos 90, após vários anos de demissões em massa: "Parece que não levamos em suficiente consideração o lado humano da equação."

Se as reduções no quadro de pessoal são necessárias, como às vezes ocorre para garantir a sobrevivência da empresa, existe até mesmo uma forma de fazer demissões de acordo com o Tao Te King. Seu ponto de partida é a honestidade, a manifestação da tristeza e a admissão dos erros administrativos; depois, segue adiante com uma comunicação direta, pessoa-a-pessoa, com aqueles que serão dispensados; e conclui oferecendo serviços de recolocação, pacotes de indenização justos e eqüitativos, e a continuidade dos benefícios de saúde durante um período razoável. Essa abordagem beneficiaria as pessoas que estão sendo cortadas, é claro, mas também seria tranqüilizadora para as que permanecem, das quais a empresa dependerá ainda mais em termos de comprometimento e produtividade.

O líder sábio percebe que, quando está centrado no Tao, sua empresa se torna centrada no Tao. E quando uma empresa está centrada no Tao, isso se torna muito mais possível para o resto do mundo.

# 42

*O Tao não toma partido;*
*dá à luz tanto o bem quanto o mal.*
*O Mestre não toma partido;*
*acolhe tanto os santos quanto os pecadores.*

*O Tao é como um fole:*
*vazio, embora infinitamente capaz.*
*Quanto mais você o usa, mais ele produz;*
*quanto mais você fala dele, menos o compreende.*

*Permaneça no centro.*

(Capítulo 5)

Já apontamos diversas vezes as dificuldades criadas pelas classificações e idéias preconcebidas. O que acontece quando nos voltamos uns contra os outros na nossa vida profissional? Os administradores freqüentemente dividem seu mundo em opostos – trabalhadores *versus* gerentes, operários sindicalizados *versus* operários não sindicalizados, meu departamento *versus* o departamento de contabilidade ou de recursos humanos, meu projeto *versus* o outro projeto. Se toma partido e cai na armadilha dos opostos, você não consegue ser eficiente. Este capítulo do Tao Te King diz que a abordagem apropriada à liderança sábia é estar sempre num estado de receptividade, no qual nenhuma pessoa é julgada boa ou má, santa ou pecadora, e nenhuma idéia é julgada certa ou errada por antecipação.

Pense nisto. O mundo da natureza é, em si, um sistema indiviso, não uma coleção de opostos sempre agindo um contra o outro. A noite não é inimiga do dia, por exemplo, nem a energia é o oposto da matéria: são aspectos diferentes de uma mesma coisa. Mas as pessoas resistem à idéia de que o mundo é assim. Sentimo-nos mais à vontade com a crença de que natureza quer dizer sobrevivência do mais apto. Em conseqüência, encaramos os negócios como uma espécie de mundo competitivo onde a lei é vencer-ou-morrer. Mas tente enxergar seu negócio como um todo, sem enfatizar as vendas, digamos, assim esquecendo as pessoas que criam o que vendem; sem focalizar apenas os "astros" realizadores e assim esquecer a maioria dos não-astros que são os principais responsáveis pelo funcionamento diário do seu departamento ou da sua empresa. O mundo dos negócios é uma maravilhosa interação de pessoas — acionistas, empregados, clientes, fornecedores —, suas idéias e seus trabalhos.

Afinal de contas, apesar do que se diz sobre a independência do livre mercado, os negócios ainda existem num complexo ecossistema econômico, político e social. Com freqüência os homens de negócios parecem esquecer que seus empregados e os empregados das outras empresas (incluindo seus concorrentes) também são clientes e acionistas.

A verdadeira visão não é unidimensional; isso quer dizer que devemos considerar todos os pontos de vista e reconhecer os oponentes como desafios e não como inimigos. Os benefícios desse tipo de pensamento já deveriam ter ficado claros — aja como se alguém fosse seu inimigo e você criará um inimigo; respeite os outros como oponentes dignos e você criará um setor de atividades saudável. O líder sábio permanece flexível, receptivo a todas as idéias e opiniões, generoso com todas as pessoas.

Assim como um fole, o líder sábio permanece basicamente num estado de vazio, pronto para ser preenchido a qualquer momento com energia criativa, capaz de ser sempre produtivo. Se você consegue pensar assim, poderá esvaziar-se de idéias preconcebidas sobre táticas empresariais ou habilidades pessoais e começar a aceitar as idéias de todo mundo, em qualquer nível. Você poderá esvaziar-se da proteção do ego e começar a confiar em todas as pessoas. Poderá esvaziar-se do julgamento e ser flexível a respeito de hábitos e comportamentos profissionais. E você poderá esvaziar-se de noções sobre o poder e aceitar seu pessoal como ele é.

# 43

> *O que está enraizado é fácil de ser alimentado.*
> *O que é recente é fácil de ser corrigido...*
>
> *Evite o problema antes que ele surja.*
> *Ponha as coisas em ordem antes que elas existam.*
> *O pinheiro gigantesco*
> *cresce a partir de um broto diminuto.*
> *A jornada de mil quilômetros*
> *começa no primeiro passo que você dá...*
>
> *(do Capítulo 64)*

Todas as coisas precisam de um forte começo. Quer você esteja mandando seu filho à escola para o primeiro dia de aula, contratando um novo funcionário ou lançando um importante produto novo, você deveria estar atento para o fato de que todas as coisas são mais vulneráveis no início. Isso é óbvio. O que não é tão óbvio são as maneiras de você criar inícios bem-sucedidos. Neste capítulo, o Tao Te King dá atenção especial a esse tema. Na verdade, uma das frases mais citadas dessa obra é "A jornada de mil quilômetros começa no primeiro passo".

As perguntas "quando agir" e "que forma a ação deve tomar" são um desafio constante para todo líder. Isso é bastante complicado, particularmente no mundo dos negócios, porque costuma ser difícil definir quando alguma coisa realmente começa. Por exemplo, qual é o começo do lançamento de um novo produto? No estágio de pesquisa ou no estágio do *design*? No teste? Na aprovação e planejamento administrativo? Na produção? Na embalagem? Ou é quando o novo produto vai a público por meio da publicidade e da promoção, quando você o mostra aos clientes pela primeira vez? Na verdade, cada um desses estágios, e outros mais, tem seu próprio início em separado e todos eles se somam para um "início" geral.

Toda coisa nova precisa passar por um processo conceitual e por um plano; caso contrário, ela fracassa por falta de um padrão. Se você, no desenvolvimento de alguma coisa, percebe que ela está na sua forma ideal e pronta para crescer, precisa alimentá-la para que ela lance raízes. Isso é verdadeiro para um plano de *marketing* ou para um processo de produção. Por outro lado, se você percebe algo negativo nessa coisa, poderá corrigir esse defeito muito mais facilmente se o fizer antes que ela lance raízes.

O *timing*, a escolha do momento certo, é sempre o ponto essencial. Quando exatamente uma coisa lança raízes? É importante determinar o tempo de maturação daquilo que você empreende, porque, uma vez que esteja em curso, você terá de deixá-lo crescer dentro do próprio ritmo dele. Assim como ocorre com uma planta, às vezes a melhor ajuda que você pode lhe dar é a atenção vigilante. Excesso de água ou de sol talvez a matasse. A pior coisa que você pode fazer é forçá-la a uma conclusão prematura.

Também é verdade que, apesar de tudo o que você faz para evitar o problema antes que ele surja, um projeto ainda pode caminhar para o desastre. Quando isso acontece, talvez tudo o que você tem de fazer é abrir o jogo e depois cair fora, salvando o que puder. Mas salvar significa conservar tantos recursos quanto possível, e não tentar forçar as coisas a irem em frente apenas para satisfazer o seu ego.

O líder sábio faz todo o possível para cultivar as condições ótimas que geram os fortes inícios. Ele se concentra em proporcionar um espaço receptivo onde as possibilidades criativas podem surgir; o espaço onde todo mundo pode ser aquilo que é. Assim ele apóia e nutre as pessoas, de uma maneira que lhes permite o desenvolvimento no melhor ritmo possível: o ritmo delas mesmas.

# 44

*...O Mestre deixa que todas as coisas venham e se vão
naturalmente, sem desejos.
Ele nunca espera resultados;
portanto, nunca fica desapontado.
Ele nunca fica desapontado;
portanto, seu espírito nunca envelhece.*

*(do Capítulo 55)*

Em 1996, o presidente de uma multibilionária empresa norte-americana afirmou, numa palestra para analistas do mercado de ações, que ele esperava que os lucros da empresa aumentassem no mínimo 10% por trimestre durante o ano seguinte. Os analistas, respondendo como costumam fazer a tais predições, recomendaram aquelas ações e isso, então, fez subir o preço delas. Mas os lucros não aumentaram tão espetacularmente como predito, e o preço das ações acabou caindo.

Como resultado, o presidente mandou um memorando para os empregados da empresa, dizendo que eles o tinham envergonhado e que estava desapontado com eles. Bem, se alguém foi causa de vergonha, esse alguém foi ele mesmo! O ponto principal aqui é que, ao investir seu ego num resultado irreal, o presidente daquela empresa originou, ele mesmo, o fracasso; e depois projetou o fracasso sobre os outros, criando um melodrama totalmente desnecessário que, por sua vez, atrapalhou a empresa e tornou ainda menos provável um final feliz.

Também os administradores dos escalões inferiores criam problemas do tipo culpe-os-outros e mate-o-mensageiro-das-más-notícias, muitas vezes sem ter consciência do que estão fazendo. Os gerentes de vendas, em especial, são muitas vezes os responsáveis por inflacionar as metas de vendas a fim de ficarem em destaque durante o processo de planejamento e elaboração do orçamento; depois, quando as metas não são atingidas, esses gerentes nunca dizem que se excederam – dizem que seu pessoal teve um desempenho abaixo do esperado.

O líder sábio não faz promessas vazias, baseadas apenas em seu desejo de forçar um resultado. Ele sabe que os resultados dependem das pessoas, e assim aceita todo e qualquer resultado que surgir. Não investe seu ego em expectativas nem projeta o fracasso sobre os outros. Assim, ele nunca se desaponta e seu espírito permanece fresco, vigoroso e jovem.

# 45

*Nada no mundo
é tão suave e maleável como a água.
No entanto, para dissolver o duro e inflexível,
nada a suplanta.*

*O suave supera o duro;
o gentil supera o rígido...*

(do Capítulo 78)

Não se deixe enganar pelas primeiras impressões. As coisas muitas vezes não são o que parecem ser. As tradicionais atitudes administrativas sempre favoreceram a contratação de homens em vez de mulheres, pois julga-se que as mulheres são suaves demais para os cargos que envolvem poder.

Mas assim como a água, suave e maleável, consegue escavar montanhas e vales profundos e arrastar milhões de toneladas de sedimentos por milhares de quilômetros, as pessoas que são flexíveis não têm necessidade de expressar seu poder à força e acabam conseguindo produzir enormes mudanças ao moldar as grandes organizações.

Tudo depende de como nós percebemos as manifestações do poder. Nos ambientes mais tradicionais, os administradores querem ver o poder no local de trabalho como uma atitude diretiva que estabelece a dominação do administrador sobre os empregados. Mas se você vê o poder como algo que nasce dos resultados que as pessoas são capazes de alcançar, então esse poder surge porque o líder é flexível e fez seu pessoal se sentir participante ao invés de se sentir dirigido. Isso não envolve necessariamente o sexo do administrador, mas parece verdade que as mulheres são mais inclinadas do que os homens a usar o maleável poder da participação em vez do impositivo poder da intimidação.

Um presidente — do sexo masculino e um verdadeiro seguidor do modelo comandar-e-controlar — de um grande grupo operacional, foi demitido porque tomou uma decisão autocrática exorbitante. Essa decisão resultou num erro imenso e custoso. As pessoas-chave estavam mais bem informadas do assunto, é claro, e eram contrárias àquela decisão, mas a única escolha delas era concordar ou cair fora.

A empresa colocou no lugar daquele presidente uma mulher extremamente competente. Uma de suas primeiras modificações foi criar um fórum para discutir os problemas e as oportunidades do grupo. Ela convocou a primeira conferência administrativa que o grupo jamais teve, reunindo em equipes de solução de problemas os chefes de departamento que eram tradicionalmente competitivos. Houve alguns resmungos quanto à sua abordagem "cheia de pieguices Nova Era", mas a nova presidente simplesmente continuou estimulando a participação de todos, até que mesmo os gerentes mais desanimados começaram a se envolver. Ela era flexível e maleável, no entanto, nunca se mostrou hesitante. Demitiu alguns administradores que persistiam em seus delírios de poder e reorganizou vários departamentos de apoio. O grupo melhorou sua participação no mercado e está de volta ao caminho da plena recuperação. Isso é a água movimentando a terra.

# 46

*...O Mestre está desapegado de todas as coisas;*
*por isso ele é uma coisa só com elas.*
*Porque renunciou a si mesmo,*
*está perfeitamente satisfeito.*

*(do Capítulo 7)*

A criatividade é, sem dúvida, o aspecto mais falado e menos compreendido da vida empresarial. Sabemos que a criatividade não se limita aos cargos tradicionalmente definidos como "criativos", mas ela está no cerne de todo tipo de trabalho, quer esteja relacionado a escrever códigos de computação, produzir vídeos, fazer complexas apresentações de vendas ou separar a correspondência. A criatividade pode tornar extraordinário um trabalho ordinário, e transformar a mera competência em comprometimento produtivo.

Não seria maravilhoso se fosse ensinado aos administradores como encorajar a criatividade? Mas isso não é feito. Na verdade, as verdadeiras características que definem a criatividade são aquelas características que incomodam os administradores. Em qualquer área, as pessoas que seguem a sabedoria convencional, que obedecem a todas as regras, que se adaptam a todas as políticas e procedimentos, que deixam os gerentes à vontade, *não* são os gênios criativos.

Um líder realmente sábio, ao abandonar a tradicional zona de conforto gerencial, compreende que a fonte de toda energia criativa está além do espaço e do tempo. Ela não pode ser nomeada ou definida, embora seja a coisa mais real do mundo, infinita e disponível a todos. Parte do trabalho do líder consiste em permanecer desapegado — em outras palavras, sair do caminho dos empregados, de modo que eles tenham amplas oportunidades de estabelecer conexão com a própria criatividade.

Estar "desapegado de todas as coisas" parece, à primeira vista, um conceito negativo. Mas "desapegado" não significa estar separado ou sem se envolver. Significa: não estar apegado a algum resultado específico, não estar identificado com alguma parte específica do todo, não ser arrastado pelos dramas temporários do sucesso ou do fracasso.

Um dos erros mais crassos que um líder pode cometer é identificar-se pessoalmente com um processo ou com um determinado resultado que ele deseja. Isso, inevitavelmente, afetará a imparcialidade de qualquer ação e inibirá a criatividade, pois o administrador alocará recursos — tempo, dinheiro, atenção — ao resultado potencial que mais se ajustar às suas idéias preconcebidas. O que acontece, então? Os empregados não são tolos; eles rapidamente identificarão o projeto de estimação do chefe e lhe dedicarão suas energias, de modo que recebam um sorriso de aprovação. Isso talvez infle o ego do chefe, mas também significa que talvez um projeto melhor tenha sido negligenciado em favor do projeto que o chefe gosta.

E quem há de saber quantos produtos superiores não acabaram na lata de lixo dos negócios porque não conseguiram chamar a atenção dos altos executivos? Calcule só quantos empregados já pegaram suas idéias rejeitadas e abriram suas próprias e competitivas empresas! Isso acontece em ramos de atividades tão diversos quanto editoras, agências de publicidade, maquinário industrial, todo tipo de prestadores de serviços e, mais dramaticamente, no desenvolvimento de *software* e *hardware* de computadores.

Assim, por mais difícil que seja, uma das coisas mais importantes que o líder pode fazer para encorajar a criatividade é cultivar, dentro de si, uma atitude de desapego, permanecendo receptivo a todos os resultados possíveis e não investindo a si mesmo em nenhum deles.

Mas espere um pouco. Acaso o texto do Tao Te King está dizendo que o administrador não deveria expressar sua própria criatividade nem atirar-se às coisas que ama e pelas quais sente paixão, tal como um projeto específico no qual ele quer envolver-se e assumir todos os riscos decorrentes?

Eis uma boa pergunta e, em certos momentos, o administrador/líder precisa fazer exatamente isso. Mas sua primeira prioridade deveria ser a de criar uma atmosfera e proporcionar os recursos para que seu pessoal persiga a paixão *deles*. A paixão do líder está voltada para essa visão do todo e sua maior satisfação provém das realizações do seu pessoal.

# 47

*O Mestre se entrega
a tudo que o momento lhe traz.
Ele sabe que irá morrer
e não lhe sobrou nada em que se prender:
nenhuma ilusão em sua mente,
nenhuma resistência em seu corpo.
Ele não pensa em suas ações;
elas fluem do âmago do seu ser.
Ele não retém nada da vida;
por isso está pronto para morrer,
como um homem está pronto para dormir
depois de um bom dia de trabalho.*

*(Capítulo 50)*

Há líderes empresariais que jamais negariam que um dia todas as coisas mudarão, mas ainda assim querem estar seguros de que, depois das mudanças, a sua liderança será sempre relembrada. Eles tentam controlar a mudança, estabelecer limites a ela, para assegurar que o estilo administrativo ou o sistema organizacional que desenvolveram permaneça intacto, pois desse modo serão imortalizados dentro da empresa.

Certamente, pode ser desorientador perceber que a imensa maioria de nós será esquecida, não importa como tenhamos sido excepcionais durante o tempo em que passamos na empresa. Se fosse possível nos projetar vinte anos no futuro, é provável que nem reconhecêssemos nossa empresa ou o negócio no qual passamos nossa carreira. Mas há uma maneira de aceitar essa realidade.

Este capítulo do Tao Te King, em seu nível mais básico, é uma maravilhosa lição que nos ensina a viver com uma total aceitação da transitoriedade da vida. Dele também podemos extrair lições sobre a aceitação da natureza transitória da vida empresarial.

Um líder sábio, seja o presidente de uma empresa ou um administrador de escalão médio, por compreender que a continuidade e a transitoriedade são duas faces de uma mesma moeda, não nega que a mudança é inevitável. Ele percebe que a pior coisa que pode fazer por sua empresa, ou por seu departamento, é tornar-se tão absorvido pela forma presente deles que acaba limitando o fluxo natural dos negócios. Agarrar-se a formas provisórias e tentar controlar o modo pelo qual as coisas irão se desenvolver é uma questão de ego, uma espécie de anseio pela imortalidade: "Se eu garantir que esta forma, esta estrutura e este estilo administrativo permaneçam para sempre, então minha influência nesta empresa será sempre reconhecida."

O líder sábio não está preocupado em saber se sua influência será reconhecida; quer apenas que ela seja uma influência saudável enquanto for relevante. Ele não receia que a mudança o deixe para trás. Não presta atenção ao seu eventual lugar na História. Não se preocupa em saber se, quando a história da empresa for escrita, seu nome aparecerá ou não em destaque. São considerações insignificantes como essas que fazem as pessoas se agarrarem firmemente às coisas que, acreditam, as levarão ao sucesso. Então elas deixam de crescer e se tornam mais irrelevantes à medida que o negócio cresce.

O líder sábio tem conhecimento de que, mais cedo ou mais tarde, o negócio prosseguirá sem ele. E daí? Livre da cautela produzida pelo ego, ele aceita cada dia como este se apresenta, sem reter nada a não ser seu compromisso com a vida e com o trabalho. Ele aceita novas idéias, orienta os mais jovens, ajuda sua organização a crescer mesmo quando isso significa abandonar alguns dos planos que trabalhou arduamente para desenvolver.

E ele nunca tem a menor dificuldade em adormecer.

# 48

*...O Mestre não tem posses.*
*Quanto mais faz pelos outros,*
*mais feliz ele é.*
*Quanto mais dá aos outros,*
*mais rico ele fica.*

*O Tao nutre por não forçar.*
*Por não dominar, o Mestre lidera.*

*(do Capítulo 81)*

Como você se torna um líder sábio, então?

Acaso existem numerosas e complexas regras a ser dominadas? Não. Não existe nenhuma regra. Existe apenas um modo de ser.

Se você usar este livrinho como guia, tudo o que precisa fazer é olhar para dentro de si mesmo e determinar o que deveria abandonar, e então abandoná-lo a cada dia.

Desejo de saber? Abandone-o. Pratique a mente do iniciante. Saiba como não-saber.

Necessidade de estar no controle? Abandone-a. O controle é uma ilusão. Quanto mais você o busca, mais ele escapa de suas mãos.

Ambição por poder, dinheiro e prestígio? Abandone-a. O que você já tem é suficiente. Aceite as recompensas, se elas vierem até você; mas as aceite simplesmente como símbolos do seu bom trabalho.

Lembre-se de que um líder sábio não é uma vítima do próprio ego; assim, não transforma mais ninguém numa vítima. Em vez de impor suas idéias e expectativas aos outros, ele cria um espaço onde os outros podem fazer seu próprio bom trabalho.

Acima de tudo, o líder sábio é um recurso para os outros. Ele serve, apóia e nutre as pessoas ao seu redor.

Atento ao fato de que as palavras verdadeiras soam paradoxais quando a mente está tumultuada por inverdades, o líder sábio aceita o paradoxo.

Por não forçar, ele lidera.

Por não dominar, ele lidera.

Por não liderar, ele lidera.

# Recursos Adicionais

Aos leitores interessados no texto completo do Tao Te King, na versão de um dos co-autores deste livro, recomendamos *Tao Te King: A New English Version*, com Prefácio e Notas de Stephen Mitchell, HarperCollins, 1988.*

James Autry, autor de três livros sobre liderança, trabalha com empresas e organizações sem fins lucrativos em todo o território norte-americano, como palestrante e dirigente de seminários sobre a honestidade, a verdade, a coragem e o equilíbrio. Ele tem disponíveis dois vídeos de treinamento, inclusive o premiado *Love and Profit*.

Para mais informações, ligue para (515)279-1245. Você também pode escrever para James Autry no seguinte endereço: PO Box 12069, Des Moines, IA 50312; ou enviar *e-mail* para JAutrydsm@AOL.com. Ou ainda visitar sua página na Internet: http://members.AOL.com/Jamesautry.

Os dois programas de treinamento para líderes empresariais descritos abaixo põem em prática os princípios discutidos em *O Verdadeiro Poder*. A *Mindfulness Meditation* [meditação para a plena consciência], ensinada em ambos os programas de treinamento, teve especial destaque no programa *Healing and the Mind* [A Cura e a Mente], de Bill Moyers para a rede de televisão PBS.

*Wisdom at Work*
O projeto *Contemplative Mind in Society* [A Mente Contemplativa na Sociedade], um empreendimento conjunto da Nathan Cummings Foun-

---

* A Editora Pensamento tem uma tradução desse clássico de Lao-Tzu com texto e comentários de Richard Wilhelm.

dation e do Fetzer Institute, vem desenvolvendo um programa de práticas para a plena consciência nos negócios. É um estudo, voltado aos executivos e empregados de empresas, dos aspectos pessoal e profissional e do relacionamento entre ambos. O programa inclui: a prática da *mindfulness meditation* no local de trabalho e em retiros criados especialmente para a comunidade empresarial; meios de sustentar a plena consciência na vida cotidiana; e o desenvolvimento de suportes materiais.

Para mais informações sobre esse programa, escreva para:
Wisdom at Work
Contemplative Mind in Society
38 Village Hill Road
Williamsburg, MA 01096
Telefone: (413) 268-7236
E-mail: seva@crocker.com

The Power of Mindfulness: A Transformative Retreat for CEOs and Emerging Corporate Leaders
A Stress Reduction Clinic e o Center for Mindfulness in Medicine, Health Care and Society da Universidade do Centro Médico de Massachusetts oferecem retiros intensivos de cinco dias para presidentes de empresas e executivos de alto escalão. Esses retiros são realizados em belos ambientes e consistem em rigoroso treinamento na *mindfulness meditation* e suas aplicações práticas para ampliar a criatividade pessoal, compreender o *stress* pessoal e organizacional e desenvolver maneiras eficazes de evitá-lo e reagir a ele, e, finalmente, fazer o trabalho funcionar melhor em todos os níveis de uma organização.

O Center for Mindfulness também oferece toda uma série de programas para redução de *stress*, baseados na *mindfulness meditation*, para clientes empresariais.

Para mais informações, escreva ou telefone para:
The Center for Mindfulness
Corporate Programs
UMass Medical Center
419 Belmont Street

Worcester, MA 01604
Telefone: (508) 856-4057
Fax: (508) 856-1977

"*Mindfulness*, a plena consciência", segundo o Dr. Jon Kabat-Zinn, diretor-executivo de The Center for Mindfulness e diretor-fundador da Stress Reduction Clinic, "é melhor descrita como uma percepção consciente, momento a momento e sem julgamentos. Ela é cultivada quando ficamos intencionalmente atentos ao momento presente e, em particular, quando prestamos atenção àqueles aspectos do nosso corpo, nossa mente e nossa vida que, com tanta freqüência, assumimos como verdadeiros, desde nossa própria respiração e sensações corporais até nossas percepções, pensamentos, opiniões e emoções, bem como os dos outros. A prática da plena consciência pode ser profundamente transformadora e curativa. Ela pode fazer que surjam maior discernimento e clareza, bem como maior compaixão por nós mesmos e pelos outros. Ela pode nos ajudar a ter maior contato com nossas características mais profundas e confiáveis, relembrando-nos daquilo que é mais importante nos negócios, em nossa vida e na vida daqueles a quem amamos e por quem nos interessamos. A plena consciência pode facilitar nossa participação na teia de interconexões na qual vivemos e trabalhamos, e facilitar nossa compreensão dessas interconexões a fim de fazermos escolhas mais eficazes e sábias, à medida que continuamos a aprender e a crescer ao longo de nossa vida".

# Agradecimentos

Gostaríamos de expressar nossa gratidão à nossa editora, Amy Hertz, cuja apaixonada dedicação e olhos de raio X ajudaram a dar forma a este livro; a Michael Katz e Rafe Sagalyn, nossos excelentes agentes; a nossas amadas esposas, Vicki Chang e Sally Pederson; e a Lao-tse, que tornou tudo isso possível.